EDILSON MENEZES
MASSARU OGATA
MAURICIO SITA
COORDENAÇÃO EDITORIAL

ESTRATÉGIAS DE ALTO IMPACTO

TREINADORES COMPORTAMENTAIS ENSINAM COMO AUMENTAR A PERFORMANCE E ATINGIR A EXCELÊNCIA NA VIDA PESSOAL E PROFISSIO

Copyright© 2016 by Editora Ser Mais Ltda.
Todos os direitos desta edição são reservados à Editora Ser Mais Ltda.

Presidente:
Mauricio Sita

Capa e diagramação:
Cândido Ferreira Jr.

Revisão:
Samuri José Prezzi

Gerente de Projetos:
Gleide Santos

Diretora de Operações:
Alessandra Ksenhuck

Diretora Executiva:
Julyana Rosa

Relacionamento com o cliente:
Claudia Pires

Impressão:
Rotermund

Dados Internacionais de Catalogação na Publicação (CIP)
(Câmara Brasileira do Livro, SP, Brasil)

Menezes, Edilson
   Estratégias de alto impacto : treinadores
comportamentais ensinam como aumentar a
performance e atingir a excelência na vida
pessoal e profissional / Edilson Menezes,
Massaru Ogata, Mauricio Sita. -- São Paulo :
Editora Ser Mais, 2016.

   ISBN 978-85-63178-78-7

   1. Administração 2. Autoajuda - Técnicas
3. Autoconhecimento 4. Carreira profissional -
Administração 5. Realização pessoal 6. Realização
profissional I. Ogata, Massaru. II. Sita,
Mauricio. III. Título.

16-02663   CDD-658.4012

Índices para catálogo sistemático:

   1. Estratégias de alto impacto : Administração
      658.4012

Editora Ser Mais Ltda
Rua Antônio Augusto Covello, 472 – Vila Mariana – São Paulo, SP
CEP 01550-060
Fone/fax: (0**11) 2659-0968
site: www.editorasermais.com.br
e-mail: contato@revistasermais.com.br

Apresentação

Abra o coração para o futuro ou será tão cego que somente sobrarão os olhos. Afinal, a teoria ajuda, mas as estratégias de alto impacto transformam.

Convidei, reuni e supervisionei o texto dos autores de diversas regiões do país e tivemos até mesmo contribuição internacional. Esta obra resume soluções impactantes, capazes de inspirar os leitores nas demandas simples e pessoais ou complexas e profissionais.

Foi um prazeroso desafio. Num coral, por exemplo, 30 vozes afins entoariam a mesma canção. Neste livro, a aliança entre formações e especialidades heterogêneas encontram unicidade.

Registra-se nas laudas a confraria entre profissionais que geralmente colaboram com o segmento de T&D através da voz. São *coaches*, treinadores e pesquisadores que assumem o microfone para levar conhecimento à audiência. Generosos que foram, investiram tempo para deixar também um legado escrito que sintetizasse sua contribuição com o macro, que somente evolui através do micro.

Um autor, ao entregar o seu melhor, toca o comportamento de determinada pessoa, mas 30 autores, fazendo o mesmo em simultaneidade, podem tocar sua existência de maneira muito mais profunda.

O prof. Massaru Ogata, um dos mais completos treinadores do Brasil e cuja filha debuta nesta obra em seu primeiro trabalho escrito, é mentor do Instituto de Formação de Treinadores, o IFT. Neste berço oriental-educacional, aprendemos a diferença entre o que é "ser simples ou simplório" diante de outra alma cujos anseios sejam semelhantes ou diferentes dos nossos.

Imbuídos desta nobre distinção, cada profissional deixou um pouco do coração e das dores solucionadas, para que o seu coração se torne mais forte e suas dores, menos expressivas.

Posso avalizar: quando chegar ao fim, esteja você em busca de soluções pessoais ou empresariais, terá a mesma constatação que eu tive: *valeu cada minuto investido.*

Faça contato com os autores. Eu os conheço e posso afirmar que estes homens e mulheres terão prazer em discutir o impacto de suas argumentações.

Edilson Menezes - coordenador editorial

Sumário

1 O reflexo do espelho e o seu propósito de vida
Adriana Araujo
p. 11

2 A hora da mudança
Adriano Crespo Perazzetta
p. 19

3 Obesidade: um problema do Brasil e do mundo
Alan Meireles
p. 27

4 Treinando para a vida
Andrea Vitaliano
p. 35

5 Inteligência emocional, seu ingresso para o sucesso
Antonio de Pádua Rocha Neto
p. 43

6 Sua idade te limita ou impulsiona?
Bianca Ogata
p. 51

7 VCT, a vacina para o ensino médio no Brasil
Camila Ribeiro
p. 59

8 Eu maior: de dentro para fora é possível mudar de verdade!
Carine Silva
p. 67

9 Do hospital para a vida
Carmem Lima Hochleitner
p. 75

10 A hora de (re) começar
Charles Vargas
p. 83

11 A sua existência e o poderoso filtro da percepção
Donato Pereira Netto
p. 91

12 O futuro dos treinamentos comportamentais
Edilson Menezes
p. 99

Sumário

13 A produção artística para despertar o autoconhecimento
Edson Fernandes
p. 107

14 As características comportamentais de realizadores
Edward Claudio Júnior
p. 115

15 A jornada da excelência
Emilio Simoni
p. 123

16 Você é protagonista da própria vida e ninguém deve segurar a caneta de sua história
Gabriella Gulla
p. 131

17 Pivotar na carreira para não fracassar com o sucesso.
Israella Ramalho
p. 139

18 Estou no mundo para ajudar pessoas - *I am here!*
Janni Silva
p. 147

19 Barra de ferro não enverga
Katia Matos
p. 155

20 Elo único: um novo conceito para unir e motivar pessoas
Lia Borges
p. 163

21 A vida em plenitude e gratidão
Lourenço Kefalás Barbosa
p. 171

22 A menina bonitinha da rifa tornou-se empreendedora
Marilia Quintieri
p. 179

23 A força redentora do perdão
Nerilene Ramos Escobar
p. 187

24 Perdão e Aceitação: Recursos para uma Transformação Organizacional e Pessoal
Nyara Silva
p. 193

Sumário

25 **Mostre ao impossível que ele é um cara fraco!**
Prof. Marco Antônio Ott — p. 201

26 **PCM - Posso, sou Capaz e Mereço**
Roberta Beatriz — p. 209

27 **O meu valor maior: acredito no produto que estou vendendo**
Rose Montenegro — p. 217

28 **Quando a vida exige, a mudança grita e a alma se liberta**
Sabrina Costa — p. 225

29 **De desempregada a empresária internacional em 7 meses**
Simone Carvalho — p. 233

30 **Acessando o intenso conteúdo inconsciente para obter resultados extraordinários**
Tadeu Belfort — p. 241

1

O reflexo do espelho e o seu propósito de vida

Tenho observado muitas pessoas cansadas, tristes, confusas e com medo. Por experiência, a melhor forma de reagir exige quatro ações que o meu texto aborda.

1) fortalecer a importância do autoconhecimento;
2) inspirar a reflexão íntima;
3) convidar ao amor próprio;
4) propor o pontapé inicial para o propósito de vida individual.

Os exercícios são práticos e você pode realizar. Permita-se esta jornada!

Adriana Araujo

Adriana Araujo

Ampla experiência em *Marketing*, Desenvolvimento Humano e Transição de Carreira. Formada pela PUC – RJ em Adm. de Empresas e Pós-Graduada pela UVA – RJ em Gestão de Recursos Humanos. Possui mais de 15 anos de experiência corporativa em grandes empresas nacionais e multinacionais, dentro e fora do Brasil, como *Procter & Gamble* e *Michael Page*. É sócia-fundadora da *Discovery Coaching* e idealizadora do *Projeto Lidere-se: Você empreendedor dos seus sonhos*, que ajuda pessoas comuns a terem resultados extraordinários na realização de suas metas e objetivos. Organizadora e palestrante do *Primeiro Seminário de Coaching do Rio de Janeiro* e coautora do livro *O Impacto do Coaching no dia a dia*, abordando os pilares da alta performance, um de seus temas favoritos. *Coach* e Analista Comportamental pelo IBC com reconhecimento pela *European Coaching Association, Global Coaching Community, International Association of Coaching Institutes* e *Metaforum Internacional*. Treinadora Comportamental pelo - IFT.

Contato
ahcaraujo@gmail.com

*Desejo abrir este artigo ressaltando o grande amor que tenho pelo
ser humano e também a compaixão que sinto por sua dor.*

Busco dedicar energia profissional a ajudar as pessoas em duas questões:
1) Proporcionar uma vida com mais propósito, prazer e alegria;
2) Aumentar a performance individual.

As pessoas trazem demandas diversas para a minha vida profissional.
Vou exemplificar.
- Quero aumentar minha autoestima;
- Quero aprender a me posicionar;
- Quero aumentar a autoconfiança;
- Quero ter mais energia para viver a vida;
- Quero descobrir qual profissão combina mais comigo;
- Quero aprender como impor limites entre as relações
  profissionais e pessoais;
- Quero ter reconhecimento no trabalho.

Diante da perspectiva que uso para contemplar tantas demandas, percebo que elas têm em comum o distanciamento do "eu" e uma grande identificação com as tendências sociais ou o meio externo no qual a pessoa está inserida. Em resumo, falta autoconhecimento, já que, quanto mais me conheço, melhor identifico minhas qualidades, meu poder pessoal, o que gosto e quero da vida, o que gosto e quero das relações. Torno-me consciente porque estou trabalhando com amor e energia.

Uma criança de nossa sociedade ocidental é sempre estimulada a olhar para fora e copiar os adultos, sejam os pais, heróis dos desenhos infantis, professores ou irmãos mais velhos. A questão é que alguém sempre sabe mais do que a criança e ainda por cima sabe o que é o certo.

Esta criança cresce modelando[1] o que está em sua volta. É pouco ou nada estimulada a perceber o que de fato vê, ouve ou sente do mundo.

---

1 Modelar – expressão da programação neurolinguística que significa copiar, agir com semelhança.

Adriana Araujo | 13

Poucos são os pais que a deixam livre para expressar o que ela entende por alegria, tristeza, amor e raiva. Menor ainda é o número de pais que buscam compreender o que a criança está sentindo quando demonstra contrariedade ou prazer. Desta forma, a criança vai gerando identificação com o externo e desenvolve escolhas influenciadas. Podemos citar algumas.

1) Seguir a mesma carreira do pai ou da mãe;
2) Repetir atitudes e comportamentos comuns à família, tanto positivos como negativos;
3) Desejar o que os amigos do colégio têm para ser aceita;
4) Desejar vestir-se como os artistas da novela se vestem;
5) Frustrar-se porque não consegue atender às expectativas do círculo social de seus pais;
6) Não expressar o que sente por medo da rejeição.

Talvez você me pergunte o que há de tão errado em ter estas atitudes. Nada, eu diria, desde que antes tenha existido uma reflexão.

Já em fase adulta, de fato, as suas escolhas foram feitas por e para você ou para agradar alguém ou quem sabe até um grupo?

Escolhas identificadas com o externo causam efeitos colaterais, pois o foco está na máscara social e não na essência pura e individual.

Alguns destes efeitos podem ser descritos como necessidade de aprovação, controle e poder em relação ao outro.

Deepak Chopra aborda muito bem este tema no livro *As Sete Leis Espirituais do Sucesso*. Ele diz que quando geramos poder com base no externo — um cargo, posição social, um relacionamento, uma imagem que as pessoas tenham de nós, um título — este poder durará o tempo que elegermos como nossa base. Por isso é tão comum vermos pessoas que perdem o emprego e tentam se suicidar, outras que pelo término do relacionamento entram em processo depressivo profundo e outras que partem para a agressividade quando sua autoridade é contestada.

Todos estes casos têm em comum o que já citei anteriormente, distanciamento do eu e grande identificação com o externo. Neste momento você pode ter se identificado com algo e talvez questione:

— *Está bem, Adriana! Entendi, mas como posso fazer para não colocar tanto peso e expectativas nas coisas ou pessoas ao redor e desta forma ser mais livre, feliz e confiante?*

Eu respondo.

— *Você pode se conhecer, se perceber, se entender hoje, no momento presente, com sua luz e sua sombra. Com suas qualidades e limitações. Com o melhor e o pior de você. Assim, consciente da dualidade existente dentro, pode tomar a mais importante decisão da vida, que é se amar e se aceitar como é.*

Com esta decisão, você nada carrega de egoísmo, egocentrismo ou estagnação. Significa celebrar o melhor, identificar e reconhecer o pior de si, entender a intenção positiva por trás de cada atitude, sentimento ou comportamento e, a partir daí, evoluir. Algumas perguntas interessantes ajudam a compreender melhor nossa sombra.

- *De que estou querendo me proteger com esta atitude?*
- *O que de fato gostaria de materializar quando sinto inveja?*
- *Com o que exatamente não quero lidar quando me distancio?*
- *Qual é o significado da raiva que estou sentindo?*
- *O que estou querendo controlar aqui?*
- *O que ganho sendo vítima?*

Há um exercício de alto impacto que ajuda a encontrar estas respostas. Minha sugestão é que procure um espelho e contemple a imagem refletida por 5 minutos.

Olhe bem dentro dos olhos e veja quem é, o que sente e o que deseja esta pessoa à sua frente. Quem já magoou esta pessoa e quem já foi magoado por ela? Entregue-se ao exercício, sinta as emoções se aflorarem, identifique os sentimentos que emergem de você em relação a você, se faça estas perguntas e anote tudo. Você merece!

Após toda esta avaliação, continue em frente ao espelho e diga, com o coração aberto, da maneira mais sincera e profunda:

— *Eu te amo... (Complete com o seu nome).*

E repita:

— *Eu te amo e te aceito completamente aqui e agora, assim como você é!*

Ao dizer "eu te amo" no espelho, muitos de meus clientes relatam que se sentem desconfortáveis, sentem que estão mentindo para si. Outros choram e percebem que não se amam, identificam uma distância entre o observador e o objeto da observação. Caso você tenha vivenciado uma destas reações ou algo semelhante, continue se olhando no espelho e buscando compreender.

- *O que falta para que possa se amar enquanto contempla o próprio reflexo aqui e agora?*
- *O que precisaria acontecer para realmente se amar?*
- *O que você não está gostando em si e por quê?*

Anote tudo.

Vou explicar a importância de amar-se e aceitar-se da maneira que você é e não apenas depois de conseguir o que está faltando. Para isso, traçarei um paralelo com o mundo empresarial.

Imagine que você acaba de ser contratado como gerente de produtos e precisa comercializar um produto chamado X. Para desenvolver o projeto de divulgação e marketing do produto X, você começa a estudá-lo. Aprende sobre a sua estrutura, composição, áreas de sensibilidade, benefícios, efeitos colaterais, custo, características de transporte e outros aspectos.

Durante o estudo, você percebe algo relevante. Muitas pessoas acreditam que X é muito bom e outras, nem tanto. Mesmo que este produto não seja a preferência de 100% dos consumidores, o mesmo oferece resultados muito bons e é fiel ao propósito de criação.

Você saberá quais mercados são mais propícios para o X, qual perfil de cliente ele pode atender e que tipo de propaganda tem mais a ver com o X.

Assim é você em sua vida: um novo produto a ser aprendido. É preciso estudar sobre você, entender sua fisiologia, estrutura, valores, comportamentos, atitudes e hábitos. Conhecer seu sistema de crenças, reforçar aquelas que ajudam e eliminar as que não servem mais.

Você merece conhecer o seu propósito e viver para ele, merece saber que muitas pessoas irão te amar por isso e que outras não gostarão de você pelo mesmo motivo.

Mesmo que não agrade a todo mundo, você vai agradar-se e vai também satisfazer a sua verdade interna. Isso gera, reflete e mantém a paz interior.

Não há como vender o produto e ganhar dinheiro com ele sem antes conhecê-lo, aceitá-lo e amá-lo. Somente depois destes passos é que você consegue entender e promover pontos de melhoria, ou definir se estas intervenções são necessárias e os ganhos proporcionais.

Olhei-me no espelho, entendi quem sou, percebi o que gosto em mim e identifiquei o que não gosto tanto. Assumi a responsabilidade por minha vida hoje, pude visualizar que parte dela tem a ver comigo e entendi qual parte tinha a ver com o que esperavam de mim. Defini os aspectos nos quais quero focar minha energia de transformação e mudar. E pergunto: o que vem agora? O que ganho de fato com estas descobertas?

A sublime música do autoconhecimento

Quando alguém estuda violão, deve aprender todos os acordes maiores, os menores, as métricas rítmicas e, depois, ainda se exige coragem e ousadia para experimentar tocar.

A pessoa vai errar algumas vezes e acertar muitas outras. Quanto mais exercita, maiores são as descobertas dentro deste sistema. Da mesma forma que o aluno de violão, você também, ao aprender mais sobre si e dominar os próprios sons, será capaz de conhecer a melhor música. Talvez você desafine algumas vezes, mas vai descobrir novos e maravilhosos sons vindos da alma, desde que descubra os seus "acordes", seus sons, qualidades e limitações.

Quando se aprofundar no autoconhecimento, ficará mais fácil definir um propósito para sua vida. Talvez você deseje definir mais de um e colocá-los em ordem de prioridade. Estes propósitos denotam o que você ganha ao se conhecer, se entender, aceitar e amar. Uma vida com propósito é uma existência com direção, motivação, coragem, disposição e, com tudo isso, você não vai repetir as perguntas observadas entre as pessoas que não encontraram uma direção na vida.

Posso dormir mais 10 minutinhos?

Quanto tempo falta para dar o horário de sair da faculdade ou do trabalho?

Quando chegam as minhas férias?

Amanhã já é sexta-feira?

São perguntas feitas pelos insatisfeitos com a vida, que sem perceber caíram em rotina estafante e sem motivação, mas não fizeram nada para mudá-la.

Quando você conseguir, através do autoconhecimento, conectar-se ao propósito de vida, verá que um novo mundo se abrirá, exigindo necessárias e novas escolhas a fim de gerar congruência entre o que deseja e a vida que leva hoje. Vamos a um exemplo pessoal:

Eu quero ajudar o maior número de pessoas a descobrir o melhor que podem ser.

Sendo este o meu propósito de vida, preciso analisar minha vida hoje e entender se tenho conseguido descobrir o melhor que eu posso ser.

O atingimento de uma meta na vida requer que estejamos alinhados com ela. Para que você possa fazer uma avaliação e chegar ainda mais perto de si ou do propósito de vida, vou fazer algumas perguntas de impacto, tomando como base a pirâmide dos níveis neurológicos.

Desenvolvida por Robert Dilts, um dos criadores da programação neurolinguística (PNL), e adaptada por outros mestres do desenvolvimento humano, esta pirâmide tem o objetivo de ilustrar a hierarquia neurológica do ser humano.

A partir dela, existe compreensão e dá-se importância ao desenvolvimento da missão, do propósito, visão, valores e legado, a fim de dar significado e sentido à vida de cada um, além de potencializar resultados e realizar sonhos de uma forma completamente alinhada.

Adriana Araujo | 17

Vou pedir que você reflita sobre esta sequência de perguntas e de preferência, anote suas reflexões.

- *Será que os ambientes nos quais você vive e frequenta estão hoje em alinhamento com o seu propósito?*
- *Os comportamentos e atitudes que você tem consigo e com os outros estão alinhados ao que e a como você deseja reconhecimento?*
- *Como andam suas habilidades e conhecimentos hoje? Eles podem levar até o lugar que você deseja chegar ou é preciso investir energia em novos cursos, livros, treinamentos e workshops?*
- *Suas crenças e valores, aquilo que mais acredita sobre si e sobre a vida, aquilo que menos acredita sobre a vida e sobre você, ajudam ou limitam a seguir firme no caminho?*
- *Como pode transformar estas crenças e valores para que apoiem e impulsionem o caminho à sua melhor expressão no mundo?*
- *Quanto satisfaz e dá sentido para a sua vida perseguir este propósito?*
- *Que tipo de legado você quer deixar para o mundo através deste propósito?*

Com o encontro e o entendimento de cada resposta, você perceberá claramente que o amor e a aceitação não devem vir apenas depois de conquistar toda a lista que você possa ter escrito ao se olhar no espelho. Nada disso.

Primeiro você se ama e se aceita. Depois reavalia a lista e entende se ali constam profundos desejos ou cobranças impostas pela sociedade. Se descobrir que é a segunda alternativa, risque-as da lista. Do contrário, persiga-os, realize os sonhos e deixe sua marca nesta vida.

Não deixe para a próxima semana ou para amanhã, porque no ano que vem você vai desejar ter começado hoje.

Vacilamos no passado, amadurecemos no presente e, no futuro, mais maduros, descobrimos que poderíamos ter sido melhores. Quebre este ciclo e seja melhor hoje, aqui e agora!

As histórias que você deseja contar da sua vida e de seu propósito estão esperando que pegue a caneta. Se eu inspirei você a compor algumas destas páginas, uma parte de meu propósito se realizou. E a outra será realizada quando você fizer contato.

2

A hora da mudança

Compartilho nestas páginas um pouco de minha experiência intercambista e atual morador na Irlanda. Você vai descobrir como esta vivência transformou minha vida pessoal e profissional. Convido você a embarcar nessa jornada para me acompanhar em cada desafio encontrado e descobrir como fiz para superá-los. Será uma viagem transformadora e, quem sabe, a primeira estação para a sua própria jornada

Adriano Crespo Perazzetta

Adriano Crespo Perazzetta

Life coach & Head Trainer. Formado originalmente em Ciências da Computação com MBA em Gerenciamento de Projetos, atuou durante quase 20 anos na profissão. Em 2011, após um treinamento comportamental de alto impacto, iniciou a transformação pessoal, buscou evolução interior que culminou em um intercâmbio para a Irlanda no ano seguinte. Deste então, não parou de investir em desenvolvimento pessoal, em treinamentos comportamentais e formações: *Life and Business Coaching – Irish Life coach Institute* – Irlanda; Instituto de formação de Treinadores, IFT, prof. Massaru Ogata – Brasil; *Practitioner PNL* (Programação Neurolinguística) – IMAP – Brasil. Atualmente exerce o trabalho como *Life Coach*, com foco no auxílio ao autoconhecimento. É palestrante motivacional e ministra treinamentos comportamentais desenvolvidos pela *Insight Coaching & Training*, com sede na Irlanda, de onde atende virtualmente os clientes do Brasil, via Skype.

Contatos
www.followyourinsight.com
adriano.crespo@gmail.com

Imagine uma pessoa comum. Bom trabalho e salário, ótimo relacionamento com família e amigos, vida estável, calma e tranquila. Agora, imagine como seria deixar toda esta vida para trás e ir ao encontro do novo e desconhecido, enfrentando todos os medos e inseguranças que uma mudança desse porte pode acarretar.

Em 2012, eu fui esta pessoa. E aqui compartilharei com vocês um pouco desta mudança de proporção internacional. Vou dividir os medos, os momentos de insegurança, como enfrentei e superei as adversidades que encontrei e ainda encontro. Vamos embarcar comigo nesta viagem de planejamentos, adversidades e superações?

Mudar exige resiliência, mas oferece resultados de excelência

Até 2011, levava uma vida de comodismo. Trabalhava na mesma empresa e basicamente no mesmo cargo por mais de oito anos, sem grandes mudanças, como analista de sistemas. Em relação aos pares, cometia os mesmos erros, tinha as mesmas atitudes e, consequentemente, colhia resultados similares. Foi quando um grande amigo me indicou um treinamento que foi fundamental à decisão de mudança e, após este evento, senti que queria mais, que a vida de antes não era mais suficiente. Decidi que deveria mudar, mas uma mudança que não fosse superficial ou parcial. Deveria ser um recomeço, um renascimento não apenas pessoal, mas profissional também. Decidi pela saída do Brasil. Fui morar em outro país, aprimorar-me em outro idioma, conhecer novas pessoas e culturas. Outro ponto importante foi a decisão de aprender outra profissão. Atuar como simples analista de sistemas não me bastava mais e senti que deveria ajudar outras pessoas de forma mais direta, mais objetiva. Pude entender minha missão, redefinir os objetivos e ir em busca deles.

Uma mudança, por mais simples que seja, não deve ser adotada sem análise prévia de todo o contexto, motivos e consequências. No meu caso não foi diferente. O primeiro passo foi determinar em que momento estava e quais eram as minhas motivações para a mudança:

Por que estou querendo sair do país? — Perguntava-me.

Em seguida, fiz pesquisas para definir meu novo destino, avaliando todas as possibilidades:

O que espero encontrar nesse novo lugar?

E, por último, considerando todas as motivações, um planejamento do futuro:

O que busco e como será minha vida daqui em diante? Por quanto tempo ficarei por lá?

Com todas estas questões formuladas e devidamente respondidas, pude definir os objetivos, o destino e os planos. Dublin, Irlanda, aqui vou eu! Agora precisava preparar tudo para a viagem.

Meu plano foi partir para a Irlanda sem prazo definido de volta. Como já pretendia obter dupla cidadania Italiana, sabia que a vida na Europa seria amplamente facilitada e possibilitaria a permanência sem maiores problemas. Decidi que não manteria qualquer vínculo material com o Brasil. Vendi o apartamento e a moto. Utilizei este dinheiro para começar minha nova vida. A ideia sempre foi utilizar o mínimo possível dele, me "obrigando" a realmente começar do zero. Mas, já deixo a dica para você que pretende fazer algo semelhante: reserva financeira sempre é aconselhável para um planejamento deste porte.

A segunda preparação foi relacionada à vida profissional. Não me sentia mais útil na profissão de analista de sistemas e percebia que minha missão era muito diferente. Não me sentia mais alegre, com o brilho nos olhos de quando comecei na profissão há 15 anos. Percebi que deveria ajudar pessoas de outra forma. Decidi mudar o foco. Comecei a pesquisar e buscar opções que poderiam me levar ao caminho. Eu as encontrei no *Coaching* e nos treinamentos de alto impacto. Comecei aplicando o processo no desenvolvimento pessoal. Depois, fui buscar treinamentos para a mudança profissional.

Como lidar com a diversidade cultural

Ao chegar à Europa, o choque cultural foi instantâneo. Eu nasci e passei a vida toda em São Paulo, em meio do caos urbano encontrado por lá e, em Dublin, a dinâmica é bem diferente. É uma cidade relativamente pequena, onde é possível se locomover por todo o centro apenas caminhando. Essa mudança foi, ao mesmo tempo, boa e estranha, interessante e assustadora. Eu me senti encantado, apaixonado, mas assustado e confuso. Sentiria falta da agitação de São Paulo? Como seria minha adaptação?

O planejamento foi de suma importância neste momento. A preparação do desenvolvimento pessoal, como a leitura do excelente livro *O Poder do Agora*, adicionada à sensação do novo e do desconhecido, que me fascinaram logo que cheguei, me permitiram atravessar os primeiros momentos de tensão e adaptação com relativa tranquilidade.

Mas nem tudo são flores em uma mudança deste porte. Após os primeiros três ou quatro meses, o novo já não era tão novo e desconhecido. Os primeiros sintomas de solidão apareceram. Pude conhecer pessoas de diferentes nacionalidades, que se tornaram grandes amigas durante este período. Em Dublin, cidade normalmente procurada para o estudo do inglês, é muito corriqueiro que as pessoas fiquem por apenas alguns meses, principalmente os demais europeus. Desta forma, os grandes amigos que fiz acabavam indo embora. Voltavam para o país de origem e geravam em mim um constante sentimento de despedida. Cada adeus era mais uma quebra da conexão criada, geralmente, de forma rápida e intensa. O sentimento de solidão aumentava. Já tinha deixado família e amigos no Brasil. A todo instante, via novos amigos irem embora e, inevitavelmente, o contato frequente se perdia.

Não foi uma tarefa fácil sair desse estado. Com exercício diário, focava nos objetivos e na minha transformação, afinal era sabido que passaria por este momento e sentimento. Eu saía pela cidade, via pessoas, movimento. Era uma forma de deixar o casulo, me reconectar com outras pessoas e comigo. Muito do que aprendi em desenvolvimento pessoal foi colocado em prática neste momento.

Como identificar a hora certa de mudar

Neste período de adaptação, encontrei um trabalho que preenchia a carreira anterior como analista de sistemas. Retomar a atividade de informática não era o objetivo, mas aceitei o desafio. Buscava a certeza de que a mudança de profissão era a coisa certa a ser feita e o foco não era usar o dinheiro obtido com a venda dos bens no Brasil, mas me sustentar na Irlanda. No começo, foi um trabalho tranquilo, mas o tempo foi passando e percebi que a área de informática realmente não me completava mais. Ao contrário, sugava minhas energias e a cada dia me sentia mais fraco, mais desmotivado. Após 7 meses de trabalho e muito estresse, não suportei mais a situação e saí do trabalho, mesmo sem outro emprego em vista. E, acredite, foi algo muito bom para mim, pois pude ter a certeza que precisava: a informática não combinava mais com meus objetivos e esta experiência se revelara como o combustível necessário para colocar em ação o planejamento de mudança profissional.

Inscrevi-me em um treinamento de *Coaching* em Dublin e fui ao Brasil algumas vezes para continuar o processo de desenvolvimento pessoal e profissional. Pesquisei e participei de treinamentos conectados com a Programação Neurolinguística e me capacitei a ministrar treinamentos de alto impacto. Foi um período de muito aprendizado que durou mais de um ano.

Durante toda essa mudança que enfrentei, percebi que deveria mudar totalmente o foco. Até ali estava, na verdade, sem foco, vivendo na Irlanda de forma desorganizada, o que agravou meu estado de solidão. Era preciso fazer algo diferente. Aproveitei todos os treinamentos que fiz, pude me organizar e fazer um planejamento coerente. Coloquei em prática o plano de obter cidadania Italiana para morar em definitivo na Europa. Decidi ficar um tempo sem trabalhar e focar no que realmente deveria: a especialização em *coaching* e as viagens necessárias para a cidadania.

Aproveitei também para mudar algumas atitudes pessoais a fim de evitar que aquele sentimento de solidão retornasse. Para isso, comecei a me relacionar mais, a sair e me divertir. Basicamente, comecei a praticar tudo que aprendi nos cursos feitos antes de deixar o Brasil. O *coaching* auxiliou e foi decisivo nessa nova missão.

Outra grande mudança de foco foi o trabalho. Precisava da fonte de renda. O trabalho com *coaching* estava ainda no começo e não seria suficiente para me sustentar. Então decidi mais uma vez procurar emprego na área de informática. Com a mudança de foco, o desconforto era menor e diferente da ocasião anterior. Eu já não tinha dúvidas sobre o futuro como *Coach* e encarava esta nova experiência como algo temporário para garantir renda. O dia a dia se tornou algo tranquilo a lidar e nunca deixei de buscar meus objetivos. Em suma, descobri com o *coaching* que é possí-

24 | Estratégias de Alto Impacto

vel trabalhar por algum tempo na atividade que não seja propriamente a missão. Mudando o foco, qualquer dor desaparece.

Por mais duro que seja, continue sempre olhando para frente

Algumas pessoas que conhecem minha história ficam espantadas e me chamam de louco por largar uma vida estável, ótimo emprego e começar do zero em outro continente. Outras ficam admiradas pela coragem de buscar os sonhos, pois uma vida confortável não é necessariamente feliz. Um terceiro grupo diz que gostaria de fazer o mesmo, mas não tem coragem necessária para viver semelhante mudança. Todas escutam a mesma resposta:

— Não me arrependo de nada e faria tudo igual. Cada momento de angústia, estresse e solidão serviram como combustível da motivação pela mudança que tanto queria e buscava. E cada passo, cada treinamento era um novo aprendizado, por sua vez eterno.

Para quem me pede conselhos e almeja algo igual, posso sugerir que nunca desista. Será fácil? Não! Haverá problemas e momentos em que a vontade de abandonar o barco será enorme? Com certeza! Já a recompensa, não apenas por atingir um objetivo e realizar um sonho, mas por vivenciar todo esse processo, é indescritível.

Nada, porém, deve ser feito sem um bom planejamento, essencial para que tudo ocorra da forma mais tranquila possível. E nada como um *Coach* para ajudar a organizar, montar e executar esse planejamento. Como *coach*, estou totalmente disposto a ajudá-lo no que for preciso, principalmente, porque vivenciei na pele os sabores e dissabores da experiência maravilhosa que é fazer um intercâmbio. Com um treinador ao seu lado, você pode aproveitar melhor os pontos positivos e evitar as adversidades da diferença cultural e social.

As vantagens de contratar um *coach* internacional

Depois de tantas mudanças e, por que não dizer, aventuras, decidi contar minha história de forma mais completa e detalhada. Este artigo é apenas um resumo de tudo que passei e ainda passo nesta transformação.

Pretendo, em breve, escrever um livro contando cada momento e situação durante o processo, não somente do ponto de vista intercambista que procura mudar de vida, mas também do ponto de vista *Coach*, apontando, em cada momento, quais erros e acertos cometi, elaborando ideias e possibilidades para que os erros não sejam repetidos e os acertos sejam potencializados por quem pensa em se aventurar em terras desconhecidas. Será um manual de sobrevivência, praticidade e atalhos para que encontre sua missão, assim como encontrei a minha.

Formado na Irlanda e munido do conhecimento de causa sobre drásticas mudanças de vida, disponibilizo meus serviços de *coach* para ajudar você que busca esse desafio e posso atender através da tecnologia, incluindo você que tem dúvida sobre o retorno ao Brasil, afinal o retorno não deixa de ser um novo intercâmbio que inclui todas as adaptações e desafios.

Vamos supor que prefira caminhar sozinho na jornada. Neste caso, receba uma dica gratuita e valiosa: o planejamento deve começar no momento da decisão e jamais pode parar.

Estou em constante mudança e sempre atualizo o planejamento. Não me encontro fisicamente no Brasil, mas o meu coração e pensamento sempre estarão aí. Se você é uma dessas pessoas, vá em frente e siga os instintos de seu sonho e não permita que a dúvida atrapalhe.

3

Obesidade: um problema do Brasil e do mundo

Em pleno século 21, informações sobre emagrecimento e a melhor forma física são de domínio público. Mas se todos podem acessar, eu te pergunto: por que a obesidade aumenta de forma alarmante no Brasil e no mundo? Aos 16 anos, eu pesava 102Kg. Encontrei a forma física que me transformou e o *coaching* que garantiu a manutenção da vida saudável. Agora é o momento de mostrar a você como se faz

Alan Meireles

Alan Meireles

Personal Trainer especialista em treinamento de força. Treinador comportamental e *Master Coach*, é criador da Tríade do bem-estar e do do IBEMAP- Instituto Brasileiro de Emagrecimento e Mentalidade em Alta *Performance*. O IBEMAP é um núcleo de emagrecimento onde se trabalha o processo de *coaching*, hipnose e exercícios inteligentes combinados com sugestões de alimentos e *shakes* que visam nutrir e melhorar o corpo, nosso bem mais precioso, e atingir uma mente em alta *performance*. O IBEMAP ministra ainda um treinamento de imersão de alta *perfomance* focado em emagrecimento. O novo ciclo é iniciado após um final de semana transformador.

Contatos
www.alanmeireles.com.br
www.ibemap.com.br
www.triadedobemestar.com.br
alan@alanmeireles.com.br
(21) 98171-3980

Considerado o mal do século, a obesidade tem crescido de forma preocupante, além de ser responsável pelo desenvolvimento e aceleração de várias doenças, invalidez e morte precoce.

O Ministério da Saúde confirma que o número de pessoas obesas no Brasil cresce a cada ano. O percentual da população com sobrepeso aumentou de 42,7% para 48,1% em 5 anos. Em 10 anos, serão de 30% da população, padrão similar ao encontrado nos Estados Unidos.

Alguns leitores já devem ter ouvido quem se queixe estar acima do peso por causa genética ou hormônios. Sim ou não? Posso dizer que somente 15% da população se encontra acima do peso por estas razões. A maioria esmagadora de 85% é por comportamento, sendo 35% sedentarismo e 50% alimentação não saudável. Faz sentido?

Se a maioria é comportamento, a solução é trabalhar a mente, o jeito de pensar e atuar focado no emocional, ou seja, uma reprogramação mental.

A comida, o ato de comer é uma maneira rápida de sentir prazer, de sobrepor alguma falta ou qualquer sentimento.

Convido você a verificar estes percentuais: 20% de atividades físicas, 80% de uma alimentação saudável e 100% de uma mentalidade positiva, focada e resiliente.

Focar somente num destes pilares é "nadar e morrer na praia". Sabe por quê? Em médio e longo prazo esta escolha não sustentará os resultados esperados. Vai criar uma esfera de frustração e autoestima comprometida, um sentimento de não conseguir, de dificuldade. Até a desistência e a sensação de fracasso.

Minha jornada começa quando tinha 16 anos. Sempre fui uma criança pesada, bem obesa. Em 1998, estava com 102Kg. Autoestima e autoimagem estavam no fundo do poço. Tinha maus hábitos alimentares. Sedentário ao extremo, sabia que algum dia emagreceria, só não imaginava *quando*.

No mesmo ano, fiz uma viagem e fiquei praticamente as férias de janeiro até fevereiro em uma fazenda. A rotina e o convívio com pessoas de

Alan Meireles | 29

hábitos diferentes facilitaram a eliminação de 21Kg. Cheguei em casa e, para espanto dos meus pais, estava com 81 Kg.

Minha vida mudou. Aproveitei o corpo magro e comecei a me interessar pelo lado psicológico de como ser e fazer coisas que magros ou pessoas de hábitos saudáveis faziam.

Todos os aspectos da minha vida se transformaram, principalmente o relacionamento e o profissional. O foco sempre foi a transformação do corpo. Porém, na prática, encontrei dificuldades. Só me apoiava no pilar dos exercícios físicos, que contemplava 20% da importância primordial.

Conheci e me encontrei com o *coaching*. Fiz um treinamento de alto impacto emocional e me apaixonei. Pude me aprofundar nas áreas afins, como PNL e hipnose.

Neste período, pesquisei e testei com meus clientes, comigo e minha família, qual padrão alimentar que, na prática, "na vida como ela é", traria os melhores resultados, como *shakes* (alimento em pó) que substituem as refeições e uma reeducação alimentar.

Acredito fortemente no conceito de alimentação *padrão ouro*. Cheguei a 100% com a mente e corpo integrados em resultados fora de série, sucesso total com meus alunos, amigos e clientes queridos.

Obesidade x Emoções

Na maioria das vezes, dominar o controle das emoções que podem nos sabotar é o segredo para termos corpo e mente saudáveis. A comida é o meio mais rápido da maioria dos seres humanos para ancorar prazer e satisfação.

É muito comum que se busque um prazer imediato como a comida para sanar alguma emoção que precisa ser resolvida.

A comida pode atuar como gatilho para situações não resolvidas do passado. Talvez, se forem descobertas e entendidas, na maioria das vezes estas sensações podem ter resultados maravilhosos. Na prática, a principal emoção observada é a ansiedade, excesso de futuro que quase sempre acaba em uma descontrolável vontade de comer alimentos à base de açúcar, carboidratos, por consequência grandes pivô para a obesidade.

Uma vez que você consegue identificar *quem é* o inimigo, fica mais fácil combatê-lo. Conhecer, identificar emoções, situações que o sabotam é a chave primordial para o sucesso.

Conhecendo-se melhor e mais profundamente, o seu controle emocional e os resultados de alta *performance* acompanham. O objetivo, com isso, é a transformação significativa. É mais do que perder pesos e medidas. É um estilo de vida, um trabalho de autoconhecimento e construção de hábitos diferentes, potencializadores para alcançar resultados em todas as áreas da vida. De fato, um corpo mais saudável, mais nutrido e uma mentalidade sadia trazem mudanças rápidas na produtividade, no foco e vitalidade. Tudo começa com a reprogramação mental.

Agora, o sentimento de culpa é o sofrimento obtido após a reavaliação de um comportamento passado tido por você como reprovável. A culpa é muito danosa ao nosso organismo e libera o hormônio chamado cortisol, um dos responsáveis pela dificuldade de reduzir medidas.

Comer sem culpa e ingerir aquilo que quiser ou sentir vontade, até certo ponto, é benéfico, desde que se tenha referência dos alimentos de qualidade para não atrapalhar o resultado almejado.

Regimes restritivos, por muitas vezes, têm um efeito diferente do esperado. É comum que a pessoa tenha dificuldade de permanecer nele por mais de 90 dias, voltando ao antigo hábito alimentar e engordando novamente.

O propósito

Ter a mentalidade em alta *performance* para uma vida mais ativa, na melhor e saudável forma, em primeiro lugar, é ter um propósito. Já parou para pensar por que se tornar uma pessoa melhor? Qual é o motivo número 1, o que vai fazer, a todo custo, que inicie novos hábitos, se alimente melhor e pense de forma diferente? É este propósito que vai fazer valer todo esforço gerado para chegar ao resultado esperado. Tenha um propósito muito forte e coisas maravilhosas vão acontecer. O meu, por exemplo, é estar bem física e mentalmente no aniversário de 80 anos do meu casal de gêmeos. Isso permite que me mantenha saudável e ativo porque é o principal motivo.

Depois do propósito estabelecido, você deve estabelecer metas neurologicamente corretas, interessantes e divididas em períodos mensuráveis, sempre agindo agora, mas com foco no futuro, transformando este propósito em metas com data fixa para acontecerem. Ainda dentro deste processo, faça uma ponte ao futuro, imagine-se daqui a 10 anos, depois cinco anos, um ano e seis meses após a definição das suas metas, ouça, veja, sinta tudo e todos ao redor.

Fichas vão cair e você terá um recurso poderoso. A visualização mental do seu futuro é fantástica. Outro tipo de ferramenta que pode ajudar bastante é a modelagem, ou seja, escolher alguém que você admire e se espelhar nos hábitos saudáveis, seguir seus passos, copiá-lo no jeito de agir, de pensar, de se alimentar. A estratégia fará você ter maiores chances de se tornar quem pretende ser no futuro próximo. Agora, peço-lhe um favor (lógico, se você concordar). Faça este exercício:

Feche os olhos e imagine que dormiu e um milagre aconteceu. Em sua imaginação, o seu maior propósito realizou-se.

O que você viu, sentiu e ouviu?

Cinco anos depois do milagre imaginado, descreva como você está.

Exercícios Inteligentes

Com a vida corrida de hoje, reservar um tempo para praticar exercícios pode ser uma tarefa desafiadora. Quando se pergunta quantos minutos são necessários para resultados com a prática de exercícios, a maioria da população comenta que precisa de uma hora ou mais na academia, segunda a sexta-feira, pelo menos. Você já ouviu alguém falar isso? Posso afirmar que não é bem assim. Estudos mostram que quanto maior a intensidade, melhores serão as respostas fisiológicas aos estímulos do exercício.

Isso quer dizer que o tempo de permanência fazendo o exercício é menor, porque quanto maior a intensidade, menor tempo de dedicado à prática.

Existe uma metodologia testada e aprovada em um laboratório do Japão. Espalhou-se para o mundo. Consiste em treinamento de 4 minutos. Feito na intensidade certa, equivale a uma hora inteira de treino e é um detonador de gordura devido ao efeito fisiológico do consumo de oxigênio por exercício. Na prática, você fica com o metabolismo acelerado durante 49 horas. É isso mesmo, fantástico!

Você conhece alguém que possa treinar 4 minutos? Acredito que talvez seja a solução para o alto percentual de pessoas acima do peso. É rápido, divertido e muito eficaz.

Sabe qual é a diferença entre atividade física e exercício físico?

Atividade física é qualquer ação constante que promova um aumento da frequência cardíaca. Exercício físico é a ação orquestrada, organizada com início, meio e fim, cujo roteiro é definido e progressivo.

O exercício físico gera mais comprometimento e existe uma evolução planejada. Quer chegar aos seus resultados extraordinários? Faça exercícios físicos e mantenha-se com atividades que aumentem a frequência cardíaca. Exemplo: você sobe algum lance de escada ao invés de pegar elevador? Que tal agora cronometrar e a cada dia ir diminuindo um pouquinho o tempo que leva para subir, progredindo e aumentando seu desempenho?

A progressão é necessária para que aconteçam resultados esperados. Mas procure um profissional de educação física, a pessoa ideal para te orientar.

Outra estratégia que vai ajudar muito é ter bem definido o estado desejado para usar como motivação. Escolha uma atividade que te dê prazer, mantenha a disciplina e crie o hábito. Por fim, estabeleça metas fáceis para não desistir.

Alimentação padrão ouro

Dezenas de dietas prometem ajudar a perder peso. Todas funcionam por um momento. Dietas radicais, a exemplo da rápida perda de peso com o corte do carboidrato, requerem seu estado de alerta, pois na verdade o peso diminui pela perda de músculo. Isso é inadmissível. Quando você perde músculo, seu metabolismo diminui e isso acumula mais gordura. O peso corporal até diminui, mas a gordura continua. Simples assim.

O grande segredo, e a maioria dos pesquisadores concorda, é a reeducação alimentar, o que levará a uma nutrição balanceada, ao controle e manutenção de peso.

Existem recursos que ajudam a uma nutrição balanceada. Para aqueles que têm dificuldade de comer fora de casa, ou fazer lanches e refeições saudáveis no ambiente de trabalho, há uma grande aceitação da dieta *paleo* e *low carb*, que preconiza a pouca ingestão de carboidratos, principalmente pela manhã, duas horas depois de acordar; e maior consumo de gorduras boas. Estudos mostram a eficácia deste tipo de dieta. A alimentação em pó, misturada com água ou leite em pó, oferece uma refeição saudável sem agrotóxicos, com nutrientes e minerais necessários para saciedade do apetite. Preenche a fome fisiológica, pois na maioria das vezes esta fome desenfreada e a falta de nutrientes na quantidade certa que o corpo precisa é complementada por barrinhas de proteína, que também podem ser aliadas poderosas aos que têm dificuldade de levar lanches e fazer as seis refeições de três em três horas.

Alimentos saudáveis representam um dos segredos para emagrecer e manter o peso, pois são alguns recursos que podem ajudar pessoas aos melhores resultados. O cérebro recebe informações de saciedade durante a refeição. O hormônio produzido pelo estômago durante a ingestão de alimentos, denominado grelina, faz este papel informativo.

Vou dar algumas dicas para que você possa reprogramar a saciedade:

Divida a comida em quatro partes. Aguarde um tempo de 4 minutos entre cada parte. Quando for ao restaurante, olhe o *buffet* antes de começar a se servir. Em casa, utilize pratos pequenos, dê uma pausa entre uma garfada e outra. Coma devagar. Experimente.

Isso fará o cérebro reconhecer que você está satisfeito(a), pois o sistema nervoso precisa de pelo menos 20 minutos para entender que o estômago está cheio. Por isso é crucial comer devagar. Fica a dica!

Eu tenho certeza de que fiz a escolha certa. Minha missão é compartilhar o máximo de informações privilegiadas para alcançar o maior número possível de pessoas, que transformarão o bem mais precioso que existe, uma máquina formidável que precisa de manutenção para atuar de forma fenomenal: o nosso corpo.

Acredito que através de um corpo melhor, saudável e belo, podemos nos transformar em pessoas melhores e compartilhar informação com aqueles que não possuem.

Ouse e acredite fortemente, que o universo sempre conspirará em seu favor.

4

Treinando para a vida

Há anos sou responsável pelo programa de treinamento que envolve 25 municípios e oferece estrutura emocional para uma equipe de 450 médicos, socorristas e outros profissionais. Neste artigo, relato em detalhes os segredos que nos fizeram atingir resultados extraordinários. O sucesso dos *cases* narrados tem um fundamento que vai inspirar você e a sua empresa: *socorrer os que socorrem*

Andrea Vitaliano

Andrea Vitaliano

Especialista em relações humanas. Treinadora Comportamental e Palestrante Motivacional. *Master Coach GCC Global Coaching Community. ECA European Coaching Association.* IAC The International Association of Coaching. BCI Behavioral Coaching Institute. Formação Neuro *Coaching GCC Global Coaching Community. Coaching Ericksoriano GCC Global Coaching Community.* Treinadora Comportamental - IFT Instituto de Formação de Treinadores. Mais de 3 mil horas dedicadas ao treinamento de equipes, palestras, seminários e treinamentos corporativos, cujo objetivo é o pleno desenvolvimento da excelência humana, alinhando o aspecto pessoal ao profissional, promovendo experiência de aprendizado única, transformadora e, principalmente, evolutiva. Em seus eventos, recebe executivos, líderes e colaboradores de grandes, médias e pequenas empresas.

Contatos
www.andreavitaliano.com.br
contato@andreavitaliano.com.br
coach.andreavitaliano@gmail.com
Fan Page Andrea Vitaliano Master Coach
(16) 99195-5344

Em 2005, o grande avanço tecnológico e alguns aspectos mais sublimes do cliente, tais como suas emoções, crenças e valores, ficaram em segundo ou até terceiro plano. A perspectiva técnica era eminente.

Dentro desta realidade, voltei o olhar para as necessidades e cuidados com o capital humano e iniciei aí os trabalhos como treinadora. Naquela época, eu tinha um pensamento e o mantenho até hoje:

É de suma importância termos profissionais humanizados, pois só assim se faz possível atingir a excelência e os resultados extraordinários.

Apliquei este projeto de humanização em grandes empresas, surpreendendo a todos os envolvidos, e pude comprovar aumento da produtividade, alto grau de satisfação dos clientes, parceiros e fornecedores.

Desta forma, fui me capacitando a fim de atender cada vez mais as necessidades do capital humano. Busquei suprir a frieza que o avanço tecnológico deixara no mundo corporativo com outros temas, desenvolvidos sempre para a humanização, capacitação pessoal e profissional. Os resultados foram sempre surpreendentes: colaboradores motivados, proativos e satisfeitos.

O sucesso nos resultados alcançados fez o meu trabalho se expandir e, como toda profissão, desenvolver pessoas também exige reciclagem e pesquisas constantes. Assim, me formei como master *coach*[1], treinadora comportamental com especialização em *coaching ericksoniano*[2] e *neurocoaching*[3]. Tenho atuado junto a grandes, médias e pequenas empresas dos mais variados segmentos e, nestes trabalhos, venho observando a eficiência das técnicas e ferramentas do processo de *coaching* aplicadas em variadas circunstâncias.

O *coaching* é uma metodologia altamente eficaz, dotada de técnicas e ferramentas que visam acelerar o processo e os resultados através de estratégias desenvolvidas junto ao capital humano. Permite que, junto aos diretores, visualizemos o ponto de partida, estado atual da empresa

---

1 *Master coach* – especialização do processo de coaching, que é baseado em técnicas e perguntas estratégicas.
2 *Coaching Ericksoniano* – modalidade da matéria que aborda as técnicas do psiquiatra Milton Erickson.
3 *Neurocoaching* – modalidade da matéria que concilia estudos sobre o cérebro com as técnicas de coaching.

e, logo depois, o que a empresa deseja para o futuro, estado desejado. O planejamento do trabalho e as primeiras ações ocorrem junto aos líderes e gestores, pois estes serão multiplicadores dos bons resultados obtidos.

Diferente da psicologia tradicional, o processo de *coaching* atua sempre no momento presente com foco no futuro. Além dele, as técnicas de alto impacto, capazes de gerar mudança nos padrões comportamentais, complementam o sucesso dos treinamentos.

Através das técnicas e ferramentas, já podemos mensurar os resultados em curto, médio e longo prazo, mas, antes de realizar, é importantíssimo promover sempre dois recursos: sentir e pensar.

A lei da sobrevivência

Dentro das multinacionais, constatei a grande luta por sobrevivência e a busca desordenada por resultados. Ambas geram elevado índice de estresse, ocasionam resultados insatisfatórios e um grande desequilíbrio emocional.

Desenvolvi uma receita que se aplica a todos os segmentos do comércio, indústria ou serviços, baseada em fundamentos que geram resultados surpreendentes:

- Melhor organização do tempo;
- Despertar de novos talentos;
- Potencialização daquilo que se tem de melhor em cada pessoa;
- Planejamento e desenvolvimento de competências.

Como exemplo, uma das ferramentas utilizadas para aproveitar bem o tempo e diminuir o estresse é a tríade do tempo, que proporciona mensurar de forma rápida e clara como temos aproveitado este recurso dentro das esferas:

Importante;
Urgente;
Circunstancial.

Ao usá-la, podemos perceber que os nossos resultados talvez não sejam tão satisfatórios porque deixamos de fazer o que é importante. Aquilo que temos prazo de entrega é deixado para um segundo momento, caindo na esfera urgente. Em seguida, entregaremos somente quando não existir mais tempo. A esfera da urgência gera alto nível de estresse e, mesmo que a entrega seja feita, os resultados se comprometem. Líderes e gestores podem também mensurar quão alta é a porcentagem da esfera circunstancial, que sugere situações corriqueiras e trazem três consequências graves:

38 | Estratégias de Alto Impacto

1) Roubam atenção e energia;
2) Geram perda de tempo;
3) Tiram foco daquilo que de fato é essencial.

Após aplicação desta ferramenta de *coaching*, muitas situações já se estabilizam e a organização do tempo gera resultados surpreendentes. Os momentos de estresse são reduzidos, deixando o ambiente mais harmônico e menos hostil.

O treinamento constante possibilita, mesmo no ambiente altamente competitivo, que deixemos de apenas sobreviver e passemos a existir como geradores e multiplicadores de resultados extraordinários.

A lei da morte

Há um segmento peculiar onde tenho atuado, ainda visto como tabu por boa parte da sociedade: o segmento funerário. Nele, me deparo com situações onde o capital humano deve gerar resultados para cuidar daqueles que já se foram. Imagine o desafio: os treinamentos são desenvolvidos para que possam gerar vida no ambiente de morte. Vou explicar.

É preciso cuidar dos que cuidam, gerar bem-estar e motivação para aqueles que prestam serviços no momento do falecimento, a fim de que se sintam fortalecidos dentre tantos casos atendidos onde invariavelmente os familiares chegam em profundo desespero pela perda dos entes queridos.

Atuo como gestora e treinadora desta área há mais de oito anos, em uma das maiores empresas do segmento funerário, e vi nele uma grande oportunidade de valorização do capital humano. Precisávamos manter colaboradores felizes e sensíveis diante da mais inusitada situação que se apresenta ao ser humano: a morte.

Ao planejar e desenvolver treinamentos em níveis neurológicos de aprendizagem, aplico ferramentas que ampliam a percepção e proporcionam uma forma contínua de dar novo significado à missão. Os resultados são impressionantes:

- ✔ Os colaboradores olham para o ambiente e o comportamento de maneira ampliada;
- ✔ As habilidades e capacidades são estimuladas;
- ✔ Seus valores e crenças positivas são ressaltadas;
- ✔ A identidade é despertada, permitindo que os vários papéis sejam exercidos por cada pessoa com excelência.

A partir daí, passam a enxergar o trabalho desenvolvido como uma missão de vida. A *performance* é elevada, o que impulsiona cada pessoa a colocar sempre o seu melhor no ambiente.

Como resultado final, temos grande satisfação dos clientes que sempre deixam seu feedback positivo para os colaboradores e para a empresa. Estamos falando do segmento funerário, mas não é este o desejo de qualquer empresa ou setor?

Neste segmento, é extremamente necessário o constante acompanhamento, pois a importância de dar novo significado aos momentos e separar a história vivida em cada atendimento da própria vida e história é essencial para manter o equilíbrio emocional dos colaboradores.

O resultado da preocupação com o capital humano não passou despercebido. Hoje, esta instituição é modelo para outras instituições e inclusive outros segmentos que usam nossas técnicas de treinamento para impactar e motivar suas equipes.

Colaboradores felizes e emocionalmente equilibrados geram resultados extraordinários, altamente humanizados, verdadeiros *cases* de sucesso. A empresa tem sido uma grande referência porque conseguiu provar:

Quando se investe em pessoas, elas e a empresa podem ir muito além do estado atual.

A lei da vida

Há mais de três anos, sou responsável pelo programa de treinamento que oferece estrutura emocional para uma equipe de 450 integrantes composta por médicos, socorristas, técnicos e auxiliares de enfermagem, condutores de veículos de urgência e auxiliares de regulação medica. No total, 25 municípios atendidos simultaneamente fazem parte do programa. Minha missão com eles tem um grande propósito: socorrer os que socorrem.

São verdadeiros anjos do asfalto. Socorrer passa a ser uma rotina em suas vidas. Os atendimentos provocam alto índice de adrenalina em cada chamado, exigindo, de cada um, esforço, entrega total e muitas vezes levando-os a romper barreiras dos próprios limites físicos e psicológicos.

Os treinamentos são realizados periodicamente. Técnicas e ferramentas promovem equilíbrio emocional, bem-estar, qualidade de vida e têm por objetivo mantê-los emocionalmente saudáveis. A certeza de um recomeço os leva a um estado profundo de paz e tranquilidade.

A valorização das crenças positivas, dos talentos descobertos ou potencializados e a possibilidade de eleger âncoras poderosas para os atendimentos mais difíceis, têm proporcionado um grande fortalecimento da equipe e sempre os leva do estado atual de estresse ao estado de restauração interior e superação. Despertamos ainda a certeza de que, por trás da atuação profissional, existe uma missão de vida junto à humanidade.

Ampliamos a percepção, pois cada atendimento pode ser transformado em histórias que devem ser contadas e reconhecidas por aqueles salvos, por aqueles que vieram à vida pelas mãos desses anjos.

Posso comprovar a importância e eficácia dos treinamentos comportamentais em segmentos onde se exige que o ser humano vá além dos limites, mas é preciso socorrer os que socorrem, ou seja, treiná-los além da faixa técnica, assegurar seu preparo emocional para prestarem atendimentos humanizados com excelência e máxima dedicação, dentro do único e grande objetivo: *salvar vidas*.

Capital humano x resultados extraordinários

Empresas que optam por fazer investimentos junto ao capital humano e montar estratégias através dele, colhem resultados extraordinários. Mas é necessário realizar um planejamento minucioso para identificar, dentre tantos perfis psicológicos existentes no sistema empresarial, o que se deseja trabalhar:

- *Desenvolver líderes;*
- *Capacitar e treinar equipes de vendas;*
- *Tornar-se excelência no atendimento ao cliente;*
- *Melhorar a comunicação;*
- *Elevar a performance profissional;*
- *Melhorar os relacionamentos interpessoais.*

Dentre tantos outros, estes são alguns tópicos que exigem passo a passo no treinamento. As estatísticas já comprovadas apontam melhoria contínua na produtividade e nos resultados em vendas.

Colaboradores desenvolvidos e treinados são automaticamente multiplicadores de resultados, fazem do ambiente corporativo um lugar onde se aprende e ensina diariamente. As experiências compartilhadas, os relacionamentos saudáveis e a soma de talentos fortalecem qualquer segmento e possibilita à empresa ser uma referência.

Treinando para a vida

Dentre tantos *cases* de sucesso revelados em diversos segmentos, os treinamentos de alto impacto que realizamos ultrapassam os desejáveis resultados extraordinários.

Andrea Vitaliano | 41

Vislumbro despertar em cada pessoa o seu melhor como um valor permanente.

Muitos estão às escuras, seguem padrões adotados e histórias de fracasso, ignoram suas capacidades e habilidades. Outros não sabem para onde estão indo e tampouco o que querem. Misturam-se com paixões que os anulam e sem possibilidade de encaminhar a vida para determinada finalidade, ignoram o que se há de fazer quando chegam ao local preferido.

O ser humano necessita definir metas claras apoiadas em valores reais que o leve a uma vida com significado e desperte um viver cheio de sentido, que faça valer cada novo dia e o permita apreciar a grande oportunidade de aprendizado, que o faça substituir a quebra de rotinas corriqueiras por ações proativas.

O ser humano é diferente, único e igual somente a si. Jamais encontrará alguém totalmente idêntico. Esta é uma maravilhosa realidade que permite lançar a vista para os demais seres da Terra e reconhecer a própria unicidade da essência.

Assim, treinar para a vida é proporcionar a descoberta de que todas as possibilidades e conquistas já estão dentro de si.

É criar o desejo ardente de ser melhor a cada dia.

É buscar a realização sempre pautada por valores reais.

É gerar estímulos que jamais defraudarão "o ser".

O capital humano jamais pode apenas existir, pois se assemelharia à vida vegetativa. Há uma missão a se cumprir, uma busca pela superação e conquista de tesouros internos para construir o legado de valiosos ensinamentos às vidas futuras.

Treinar para a vida é possibilitar para cada ser humano esta conexão: ele deve conhecer, cultivar e transformar a própria essência até que comece a descobrir o que significa viver uma existência ampla e intensa, iluminando e deixando suas marcas por onde passa.

Dedique cada dia ao conhecimento da própria vida, de seu próprio ser. Busque um novo significado para o que não foi bom e vislumbre quais atitudes poderiam ter sido diferentes. Vivendo assim, os resultados extraordinários serão benefícios de uma vida repleta de significado, pautada na missão, visão e propósito. Eis aí a chave do sucesso.

Treinar para a vida é minha missão e contribuição, porque tenho uma crença positiva:

É possível construir um mundo bem melhor a partir da evolução humana.

5

Inteligência emocional, seu ingresso para o sucesso

Apresento o impacto da inteligência emocional e seus benefícios para a pessoa, as organizações e a sociedade. Espero atender a importante demanda por conscientização e desenvolvimento da personalidade, das emoções e crenças, para você acompanhar mudanças e exigências que os desafios atuais trazem para a comunicação, os relacionamentos, o ego e assim possa buscar autoconhecimento e equilíbrio

Antonio de Pádua Rocha Neto

Antonio de Pádua Rocha Neto

Administrador formado pela PUC-RJ e empresário há mais de 15 anos; *Master Coach – Professional & Self Coaching, Executive Coaching; Master Practitioner* em PNL; Hipnólogo clássico e Ericksoniano; Treinador Comportamental – *HeadTrainer;* Terapeuta *Reiki* - Sistemas *Usui*, Tibetano, *Osho Neo-Reiki* e *Kahuna; Mentoring,* Consultor, Analista 360; Gestão avançada Amana *Key* APG.

Contatos

sevanconsultoria@gmail.com
www.facebook.com/antoniodepadua.neto

Uma breve abordagem para o desenvolvimento humano através dos treinamentos comportamentais e princípios de coaching para grandes resultados na vida familiar, social e profissional

É incontestável que o mundo e o ser humano passam por uma transformação cada vez mais acelerada na rotina, na análise micro e macro do planeta e das sociedades. Entre o ser humano e o seu ambiente, a forma de se relacionar, interagir, negociar e informar têm outra dimensão, cujos reflexos estão na vida pessoal e profissional. Os acontecimentos e mudanças de diversas naturezas – científica, política, social, ambiental, cultural, profissional, tecnológica, financeira e ideológica – nas últimas 5 ou 6 décadas foram mais impactantes ao planeta, se comparados aos últimos séculos ou milênios, levando-se em conta 4,5 bilhões de anos desde a formação da Terra.

Passamos por um momento em que empresas e pessoas buscam melhorar seus desempenhos e resultados, tanto nos investimentos profissionais quanto nas relações familiar e social. É uma constante desde que iniciamos o processo de evolução, mas as tecnologias do nosso tempo, o contato e a comunicação global instantânea, a troca de informações, bem como sua compilação e processamento estão levando o dia a dia e a vida para um novo patamar, um novo nível. Motivação e desejo por evoluir, por fazer mais e melhor em menos tempo, e por aprofundar os relacionamentos diante dos desafios da vida são comuns e simultâneos às empresas e ao ser humano, afinal, empresas são compostas e desenvolvidas por pessoas.

Estamos na era onde sistemas, infraestrutura física, tecnológica, outras operações e processos podem ser padronizados, copiados, estudados e aplicados, mas **o ser humano passou a ser o diferencial competitivo** das empresas. Esse movimento está gerando uma demanda interna por desenvolvimento nas empresas e nas pessoas. Os investimentos em desenvolvimento humano são uma necessidade e um ganho direto, individual/familiar, profissional/empresarial e social. Em uma posição-chave, as empresas possuem importante papel na sociedade. Além dos produtos e serviços que pesquisam, desenvolvem e disponibilizam às pessoas para ajudá-las a melhorarem sua qualidade de vida, é seu papel olhar primeiro para as pessoas – material humano – que constituem, executam e tornam realidade os processos das organizações. Particularmente, não gosto de nomear material humano ou recursos humanos. Na minha percepção, o ser humano é muito mais que material, "coisa" ou recurso. A nova era do trabalhador se alicerça em novo paradigma. Na era industrial considerava-se o ser humano uma "coisa produtiva" e hoje ele passa a ser visto de forma integral – a pessoa (trabalhador) integral.

Para abordar essa visão da *pessoa integral*, precisamos entender antes que em geral há uma razão simples e abrangente pela qual as pessoas parecem insatisfeitas no trabalho e pela qual as empresas deixam de tirar vantagem dos talentos e da criatividade de seu pessoal. Ao invés da abordagem somente pelo QI – capacidade mental / inteligência, para avaliação do profissional, é necessário investir atenção em todas as partes que constituem o ser humano. Essa atenção vai possibilitar às empresas que estão revendo seus conceitos se tornarem organizações verdadeiramente grandes e duradouras. Conforme Stephen Covey relata em seu livro *O 8º Hábito, "é a falta de um paradigma completo de quem somos – nossa visão fundamental da natureza humana"*. O fundamento para as Organizações atuais é que os seres humanos não são "coisas" que precisam ser motivadas e controladas, mas seres com quatro dimensões que exigem compreensão – corpo, mente, coração e espírito. Se olharmos e estudarmos a história desde os primórdios, passando por filósofos e religiões, ocidente e oriente, encontraremos basicamente estas mesmas quatro dimensões. As palavras usadas podem ser diferentes, mas refletem as quatro dimensões universais da vida, que também representam quatro necessidades e motivações básicas de todas as pessoas: **viver (sobrevivência), amar (relacionamento), aprender (crescimento e desenvolvimento) e deixar um legado (significado e contribuição).**

Cada parte destas dimensões correspondem a uma capacidade ou inteligência que todos possuímos: *inteligência física* ou *corporal* (QF), *inteligência mental* (QI), *inteligência emocional* (QE) e *inteligência espiritual* (QS). Em geral, pensamos apenas em termos de *inteligência mental* (QI), isto é, nossa capacidade de analisar, raciocinar, pensar abstratamente, usar a linguagem, ver e entender. Portanto, uma interpretação por demais restrita da primeira inteligência. A segunda é a *inteligência física* (QF) do corpo, outro tipo de inteligência da qual estamos implicitamente cientes, mas

46 | Estratégias de Alto Impacto

muitas vezes negligenciamos. Conduz nosso sistema respiratório, circulatório, nervoso e outros de vital importância, além de rastrear o ambiente, destruindo células doentes e lutando por sobrevivência.

Como o corpo equilibra e harmoniza o funcionamento do cérebro, que contém a mente, com o do coração, que simbolicamente representa a inteligência emocional?

Nosso corpo supera o desempenho dos mais avançados computadores. Como terceira inteligência, temos a *inteligência emocional* (QE), que é autoconhecimento, autoconsciência, sensibilidade social, empatia e capacidade de nos comunicarmos satisfatoriamente. É um senso de oportunidade, de adequação social e coragem para reconhecer fraquezas, expressar e respeitar diferenças. Daniel Goleman, autor e autoridade em QE, diz:

> *"Para se ter um desempenho destacado em todas as tarefas, em qualquer área, a competência emocional é duas vezes mais importante do que as habilidades puramente cognitivas".*

Isso fica claro com o seguinte exemplo: imagine uma pessoa que tenha 10 pontos de QI numa escala de 1 a 10. Se a sua pontuação emocional for apenas 2 e não souber se relacionar com outras pessoas, ela pode tentar compensar esta deficiência apoiando-se excessivamente no intelecto e na posição formal. Mas, ao fazê-lo, muitas vezes exacerba as fraquezas e, nas interações, também as fraquezas dos outros. É a tentativa de racionalizar intelectualmente o comportamento. Fortalecer a *inteligência emocional* é um dos maiores desafios enfrentados por pais e líderes em todos os níveis da organização.

A quarta inteligência é a *espiritual* (QS). Tal como o QE, o QS se incorpora às pesquisas científicas, aos debates filosóficos e psicológicos hegemônicos. A *inteligência espiritual* é a inteligência central e fundamental, porque é a fonte de orientação das outras três. Representa nosso impulso em direção ao sentido e à conexão com o infinito. Richard Wolman, autor de *Thinking with your Soul (Inteligência Espiritual)*, contribui com o tema assim:

> *"Por espiritual entendo a antiga e permanente busca de conexão com algo maior e mais digno de confiança do que nosso ego – com nossas almas, com os outros, com os mundos da história da natureza, com os invisíveis ventos do espírito, com os mistérios da vida".*

Ou seja, a *inteligência espiritual* também ajuda a discernir os verdadeiros princípios que são partes de nossa consciência.

Dada a importância da *inteligência emocional* (QE), vamos focar e aprofundar nas mudanças de comportamento que o desenvolvimento dela oferece. Desta maneira, teremos maior compreensão, autoconhecimento e entenderemos os benefícios para as pessoas e organizações. O entendimento e o trabalho com a inteligência emocional irá se refletir na potencialização do uso do QI e pode se desdobrar no melhor uso e compreensão das outras duas inteligências: *física* (QF) e *espiritual* (QS). Pode ainda ser trabalhada para ganhos pessoais e profissionais, como atingir metas e objetivos, trabalhar desgastes emocionais, melhorar os relacionamentos interpessoais, a comunicação consigo e com o mundo. É como trazer à consciência questões emocionais relacionadas aos âmbitos da vida pessoal, profissional e social.

Proponho que reflita por um momento:

Sobre você: como andam as interações com a pessoa amada? Entre pais e filhos? Entre chefes, líderes, subordinados e colaboradores? Quanto o seu estado emocional impacta na qualidade do dia, na comunicação com familiares, parceiros de trabalho e pessoas do convívio social?

Sobre o trabalho: como as organizações lidam com *"turnover"* de colaboradores? Existe ruído de comunicação interna, falta de afeto, de empatia, de sinergia dentro e fora das equipes de trabalho? Você observa inflexibilidade, letargia criativa e tantos outros problemas?

O autoconhecimento emocional gera controle de situações diversas e adversas, além de total domínio das reações no momento da tomada de decisão.

Através do desenvolvimento da inteligência emocional, se traz à consciência "o que sou" como um todo (eu, indivíduo) e como parte do todo (ser biossocial). A inteligência emocional foi definida em 1990 por Peter Salovey e John D. Mayer:

> *"é a capacidade de monitorar seus próprios sentimentos e emoções, e os dos outros. É fazer a distinção entre eles e saber usar essa informação para orientar o pensamento e a ação de uma pessoa".*

As habilidades desenvolvidas na *inteligência emocional* (QE) passam pelo autoconhecimento, autocontrole, motivação, empatia e sensibilidade social. São fundamentadas em cinco áreas.

1) **Autoconsciência:** conhecer as próprias emoções;
2) **Autogerenciamento:** gerenciar as próprias emoções;
3) **Motivação:** Motivar-se;
4) **Empatia x consciência social:** conhecer as emoções dos outros;
5) **Habilidades sociais:** lidar com as emoções dos outros.

Autoconsciência (conheço-me): identifica o que sente, considera esses sentimentos quando adota decisões, tem confiança e avalia suas habilidades de maneira realista (não subestima, nem superestima). Sabe ver-se como os outros lhe veem. Sem autoconsciência, a pessoa tem poucas chances de autogerenciamento ou empatia.

Autogerenciamento (gerencio-me): regula e administra as próprias emoções, pensa antes de agir, protela gratificação para conseguir seus objetivos, tem resiliência para se recobrar de frustrações e possui maturidade emocional.

Motivação: sabe motivar-se e também aos outros. É persistente e tem, com razões intrínsecas, paixão por seus projetos. Vai atrás de seus objetivos com energia.

Empatia (conhece os outros): pode perceber aquilo que os outros sentem, consegue se conectar com tipos diferentes de pessoas, adapta sua comunicação para se alinhar às relações emocionais dos outros.

Habilidades sociais (gerencia os outros): sem saber, lida com as emoções dos outros, interpreta relacionamentos e interações de forma correta. Consegue negociar, estabelecer cooperação e liderar.

Como avaliar e analisar a inteligência emocional?

A avaliação de autoconsciência emocional deve ser correta e completa: análise, autoconfiança, autocontrole, confiabilidade, conscientização e adaptabilidade. Algumas empresas já o fazem. Avaliam candidatos em processos de recrutamento e seleção, personalidades e perfis para cargos de confiança, utilizando sistemas e softwares como "DISC", "*Coaching Assessment*", Eneagrama e outros. São sistemas que cruzam as mais variadas informações da pessoa, descrevem seu perfil e personalidade. A margem de acerto é bastante alta, gerando confiabilidade nos resultados. A identificação da personalidade, perfil, comportamentos e crenças operantes no sistema da pessoa, de acordo com sua história e influências, são fundamentais para desenvolvimento de trabalhos psicoemocionais, superação de crenças limitantes, *empowerment*, aspecto motivacional e identificação de metas.

Os treinamentos comportamentais utilizam diversas ferramentas para desenvolver pessoas e organizações a atingirem autoconhecimento e liberarem a utilização de todo o potencial e recursos internos. Através de dinâmicas individuais e em grupo, situações vivenciais a partir de ciências humanas e técnicas holísticas proporcionam o contato com a personalidade e as quatro emoções básicas do ser humano, que por sua vez pode rever sua história e como ela pode influenciar em quem ele é hoje. São ferramentas de programação neurolinguística, *gestalt*, constelações, renascimento, meditação, *coaching* e outras.

Estes trabalhos, *workshops*, treinamentos e programas de desenvolvimento são aplicados em grandes organizações mundiais. E cada vez mais, médias empresas e empreendimentos locais têm adotado esses conhecimentos e princípios para desenvolver líderes e equipes vencedoras.

Grupos e institutos locais e nacionais também estão realizando cursos que reúnem turmas livres, para melhoria de seus relacionamentos familiares, sociais e, o mais importante, delas próprias. É ótimo que a inteligência emocional possa ser aprendida, mas o processo não é fácil. Leva tempo e, acima de tudo, implica comprometimento. Os benefícios, tanto para a pessoa como para a organização, fazem valer cada esforço e nos aproxima do equilíbrio interno.

6

Sua idade te limita ou impulsiona?

Não se engane. Eu não sou apenas a filha do Treinador. Carrego o mais respeitável sobrenome dos treinamentos comportamentais no Brasil, mas estou me preparando para seguir seus passos. Tendo isso em mente, sigo convictamente na missão de transformar vidas e inspirar empresas à luz da inteligência emocional. Não temo a grandiosidade da missão que o mundo me reserva porque tenho verdadeira paixão pelo desenvolvimento humano, o que me torna uma alma livre e sei que uma alma livre é capaz de voar por todo o planeta

Bianca Ogata

Bianca Ogata

Empreendedora no mercado de T&D, (Treinamento & Desenvolvimento), é responsável pela área logística-comercial de uma das mais completas formações de treinadores no Brasil. É coordenadora do IFT, Instituto de Formação de Treinadores. Organiza a agenda, o número de participantes, os aspectos comerciais, financeiros e as parcerias com outros Institutos. Na execução do evento, participa da equipe que aplica as dinâmicas vivenciais de alto impacto como terapeuta e treinadora comportamental. Ministra treinamentos livres e *in company* e ainda atende *coachees* que desejam melhorar a *performance*.

Contatos
biancaogata@ifttreinamentos.com.br
(11) 99790-7144

Alguns sonhos são estranhos...

Eu tinha 12 anos. Estava cercada de pessoas mais velhas e todos fazíamos atividades de alto impacto. Caminhei sobre brasas incandescentes. Confiando nas pessoas, de olhos fechados, joguei-me de uma escada e fui amparada lá embaixo por muitos braços amigos. Sem nenhuma habilidade com as artes marciais, com certeiro golpe, quebrei uma madeira. Prestes a acordar, ainda me lembro de caminhar por um terreno gramado, de olhos vendados, em pleno contato com o poder da natureza.

Não foi propriamente um sonho, mas a **realização** de um sonho. Estava muito bem acordada e consciente. Com pouco mais de 10 anos, vivenciei o treinamento Conexão Alpha[1].

— *Quando você estiver prestes a completar 13 anos, deixo você participar* — prometia o meu pai.

Como sempre, cumpriu sua promessa. Eu estava realizando três sonhos acalentados desde que aprendera a ler: saltar da escada, andar sobre brasas e declamar a *filosofia do sucesso*[2]. Foi o primeiro passo de uma jornada que começou ali e será traçada até que eu tenha forças para cumprir a missão nesta vida: transformar pessoas.

Você também procura criar e viver o próprio caminho do sucesso e da felicidade na vida e na carreira? Então "tamo junto"!

O excesso de teoria engessa o ser humano, mas a prática liberta.
*Eu **vivencio** as transformações que experimentei no IFT[3]!*

Minha mãe, Lucia Ogata, teve papel determinante em minha trajetória como treinadora. Proporcionou-me experiências para que aprendesse como era importante ter preocupação e empatia diante das pessoas. É como dizia Carl Jung dizia.

"Domine todas as técnicas, mas, ao tocar uma
alma humana, seja apenas outra alma humana"

---

1 *Conexão Alpha* – treinamento de alto impacto que visa gerar equilíbrio entre as emoções básicas.

2 *Filosofia do Sucesso* – texto do autor Napoleon Hill, um dos mais influentes pensadores na área de realização pessoal.

3 IFT – Instituto de Formação de Treinadores – Idealizado pelo prof. Massaru Ogata, é um evento de 70 horas que capacita novos treinadores.

Ao mesmo tempo, cresci vendo meu pai, o prof. Massaru Ogata, ministrar treinamentos de alto impacto. Eu me sentia encantada ao ver os participantes felizes e transformados. De tanto presenciar a paixão que ele tinha por esta missão, também fui seduzida por ela e, desde a infância, mesmo sem saber o que representava todo o universo de treinamentos, já queria tomar parte. Mais tarde, o IFT geraria grandes percepções.

Eu não quero ser apenas a filha do professor Ogata. Quero estudar psicologia. Quero pesquisar profundamente o comportamento humano. Quero pesquisar naturologia com foco em medicina tradicional chinesa. Todo este querer já é uma realidade. Estudei, continuo estudando e embora muito me orgulhe dele, quero ser treinadora por mérito profissional e não porque carrego o sobrenome Ogata.

Em boa parte da infância, pedia para participar do IFT. Nestas ocasiões, o treinador e educador Ogata, por quem sinto muita gratidão pelo apoio em busca de decisões maduras, me contava a metáfora da borboleta. Dizia que não poderia permitir que eu saísse do casulo antes de estar pronta para o voo.

— Você só vai fazer o IFT quando tiver concluído no mínimo metade do curso de psicologia.

Confesso que já estava de "saco cheio" de ouvir a metáfora. Queria mesmo era a ação. Agora, enquanto produzo este artigo, analisando o nível de maturidade que adquiri como treinadora, concluo que ele estava certo.

Cinco anos tinham se passado desde o primeiro contato com o alto impacto. Neste período, estava sempre próxima dos treinamentos, como *staff* e observadora. Era a aprendizagem em tempo real com o privilégio de ver em ação um dos pioneiros no segmento de T&D[4].

Estávamos no ano de 2013. A política discutia o mensalão, a religião elegia um novo papa e as ruas foram palcos de grandes manifestações populares contrárias aos reajustes em vários setores. Enquanto isso, vários institutos formavam ou reeducavam as pessoas para que encontrassem comportamentos e recursos de alta *performance*.

Eu estava com 17 anos e me lembro que vivenciava um período de férias. Meu pai realizava mais uma edição do IFT. Eu o acompanhei, não como staff, pois existe a regra de que a pessoa deve ter vivenciado o treinamento. Estava curiosa. Ele ficava uma semana inteira formando treinadores e eu queria ter uma ideia mais aproximada do que acontecia, para futuramente participar.

---

4 *T&D* – sigla usada como referência ao nicho de mercado "treinamento e desenvolvimento".

Começou a reunião entre a equipe e eu lá, como mera observadora. Foi neste instante que uma pessoa da equipe sugeriu, de maneira simples e prática, algo que mudaria minha vida.

— Por que a Bianca não participa, ao invés de apenas observar? Já que ela está pagando o hotel, por que não aproveita a oportunidade?

— *É verdade, Massaru. Deixe ela participar!* — Reforçou a equipe, quase em coro.

Ao mínimo sinal de aprovação dele, corri para trocar de roupa e viver o melhor momento de minha existência.

As férias que estavam previstas em Ibiúna foram suspensas. Eu tinha pensado em ficar um tempo no campo, refletindo sobre a vida, porém, no IFT, descobri que, ao invés de me isolar, minha alma queria voar, pois acabara de ser libertada pelas mãos do próprio pai como treinador e rodeada de amigos da equipe incrível que o acompanha até hoje e da qual faço parte. O abraço de alpha selou este momento.

Em todos os níveis neurológicos, tive a certeza de que nascia a treinadora comportamental e, enfim, a metáfora tantas vezes repetida por meu pai fez sentido. Era hora de voar. O IFT fez o casulo ficar apertado demais.

Investi, estudei e afiei o machado. Aprendi com meu pai que os treinadores nunca devem viver em seu mundinho de conhecimento. É preciso ter contato com outros treinadores, conhecer novas ideias e técnicas. Fui buscar conhecimento com diversos especialistas em temas como PNL, Hipnose, *Coaching*, Processo Hoffman, estudos holísticos e muitos outros.

Quando a consciência se expande, a evolução
não é uma escolha, mas um benefício.

Até a 16ª edição, o sonho de meu pai era formar 300 profissionais. Assim que o realizou, aumentou a meta para 500. Quando assumi a coordenação do IFT e tirei do dorso dele a cansativa lida comercial e operacional, o deixei livre para cumprir a missão e sua emotização[5] novamente aumentou. Sua nova meta: treinar 1500 treinadores comportamentais até os 75 anos de idade.

É uma expectativa audaciosa, mas EU ESTOU PRONTA para ajudar e apoiar para que se realize, porque o propósito dele está alinhado com a minha missão. Teremos 1500 chances vivas de influenciar positivamente o pensamento e as ações dos empresários para que sejam mais justos. Teremos 1500 vozes ecoando o pensamento e as ações do treinador que aprendi a amar como pai e respeitar como especialista em comportamento humano.

Estou buscando o próprio caminho e não vou depender do sobrenome para encontrá-lo, mas nunca deixaria de valorizar e reconhecer o legado Ogata como fonte maior de tudo que conheço e pratico como *coach* e treinadora comportamental.

Das inúmeras formações que fiz, levei lições que serão úteis para as pessoas e as empresas que confiarão os seus funcionários ao meu trabalho. Da formação familiar que participo há quase 20 anos, acumulei e sigo reunindo valores que me transformaram. Serei eternamente agradecida por tanto conhecimento e só há uma maneira de retribuir, como treinadora, tantos valores importantes aprendidos com o casal Ogata, do qual tanto me orgulho: compartilhando o melhor que tenho em mim para que as pessoas encontrem o melhor que há nelas.

Dentro dos salões de treinamento, eu não sou a filhinha do papai, embora muitos tenham construído este estereótipo. Sou a treinadora que não vai descansar enquanto não tiver uma certeza infalível: cada ser humano que investiu e confiou em nosso trabalho vai deixar o salão, escutar o som da porta a se fechar e pensará:

Como foi bom estar aqui. Agora sim posso transformar as pessoas da mesma maneira que o IFT me transformou.

Experiência não depende de idade

Em sua empresa ou instituto as coisas mudam? Você já se preparou para delegar as funções que demandam tempo e atenção? A coordenação de uma estrutura como o IFT, por exemplo, exige mudanças diárias e olhos clínicos para captar os profissionais aptos à excelência treinadora. Não acei-

---

5 Emotização – um desejo que ultrapassa a imaginação por envolver emoção, entusiasmo e vibração. De tão fortes, estas sensações fazem a pessoa romper a faixa do mero devaneio e partirem para a ação. Como resultado, a pessoa atinge ou alcança o objeto de desejo.

tamos pessoas porque desejam uma formação deste nível no currículo. Aprendi algo com meu pai e isso sim nunca vai mudar, porque é um **valor**:

Uma entrevista seletiva para investigar os reais motivos que levaram os profissionais ao IFT é obrigatória. Sem um motivo justo para que a pessoa invista na imersão de 7 dias, não há busca relacionada à missão do IFT e não podemos permitir que participe.

Aos 19, formada como treinadora, enxerguei que a minha coordenação deixaria o gestor do evento livre. Será que em sua empresa ou instituto existe algum preconceito no quesito idade? Será que você escuta as ideias de todos com a mesma atenção? Ou será que valoriza as ideias dos mais experientes e ignora as ideias dos mais jovens?

Só existe diferença entre gerações quando as pessoas não se respeitam. Com 50 anos de diferença, convivo profissionalmente com meu pai. Somos treinadores e escutamos todos os prós e contras das ideias ou estratégias.

A visão de futuro do seu negócio depende da capacidade de ouvir e respeitar as pessoas, porque é possível ser empreendedor, jovem ou experiente, mas quem não escuta é "suicida inconsciente" e, seja cedo ou tarde, vai ficar difícil cativar a vitória.

A palavra é **consciência**. Antes de treinar outras pessoas, nossos treinadores vivem na pele o processo transformacional. Passam a ser treinadores não apenas de palco, mas da vida. E isso para mim é muito forte. Eu vivo e acredito num mundo melhor graças aos treinamentos comportamentais.

E qual é o significado do que você faz?

No curso de psicologia positiva, aprendi algo inesquecível. Perguntaram para uma faxineira o que ela fazia no hospital.

— Eu cuido da saúde dos médicos.

Repetiram a mesma pergunta para um motorista de ônibus.

— Eu levo as famílias de volta ao lar.

Pergunte-me o que eu faço e responderei:

— Eu conduzo treinadores ao IFT para que façam a diferença neste mundo, transformando vidas.

Não importa o que você faz profissionalmente. Toda ocupação tem ou deveria ter um significado acima dos rótulos. Nos exemplos, mencionamos uma faxineira, um motorista e uma treinadora.

Na vida, falamos de seres em busca de evolução contínua
e só a encontrarão quando perceberem que suas funções
estão acima do título e da roupagem profissional.

O impacto

O tema deste livro sugere uma reflexão final: o conteúdo do IFT, a melhor formação de T&D, não faz a diferença. Aquilo que a pessoa decide fazer com o conteúdo aprendido é que pode mudar o mundo.

Se os treinadores descobrirem, à sua maneira, como transformar o IFT em algo efetivo, eficaz e eficiente para a vida das pessoas, aí sim, juntos, transformaremos as pessoas, as empresas e o Brasil inteiro. No futuro, como já tem acontecido, pessoas e empresas me contratarão para treinar os seus funcionários e eu sempre vou dizer:

— Aprendi com meu pai, um dos maiores treinadores, que a completude é a chave. Eu não penso separadamente, do tipo eu, você, isso é preto, aquilo é branco. Se eu despertei, a partir do momento que curo algo em mim, quem estiver próximo também se cura, porque somos uma rede.

O conhecimento é um meio. A transformação requer o uso deste conhecimento e serve como ponte para chegarmos bem próximos da própria essência.

Não é a idade. Não é a classe social. Não são os títulos. Não é nada disso. No fim, tudo que você aprender, dentro e fora do IFT, exigirá que o seu coração esteja a serviço da luz, disposto a fazer a diferença na própria vida e na vida das pessoas.

Muito além dos rótulos de faixa etária, sou mulher. Sou treinadora. Tenho os olhos voltados para o futuro, estou alicerçada no presente e em paz com o passado. Tenho uma família, um sobrenome de respeito e quero construir a própria história.

Quando realizei sozinha o meu primeiro treinamento comportamental para executivas da educação, a metáfora de meu pai mudou: *o rio sempre chega ao mar, mesmo com os obstáculos pela frente, porque é o seu destino.*

Eu sinto que vivo meu destino porque tenho uma inabalável convicção: mesmo que tivesse todos os recursos para qualquer profissão na vida, ainda assim escolheria o caminho da expansão e transformação do ser humano.

Talvez a vida me dê a chance de encontrar você para um grande abraço no IFT. Lembre-se de me dizer que leu este texto. Vai ser ainda mais especial te receber, porque incluindo o IFT, tudo que eu acredito foi exposto e, a partir daqui, não é meu. Será sempre nosso.

7

VCT, a vacina para o ensino médio no Brasil

Você sabe quais são as influências, sentimentos e sensações que os jovens adolescentes estudantes de ensino médio têm quando o assunto é a escolha da profissão? A falta de assertividade na escolha da profissão tem causado impacto negativo em estudantes, pais, escolas, universidades e até mesmo empresas. Confira nas próximas páginas o DNA da vacina que vai sanar este problema da educação brasileira

Camila Ribeiro

Camila Ribeiro

Apaixonada pela evolução e por desenvolvimento humano, é Treinadora Comportamental formada pelo Instituto de Formação de Treinadores – IFT. *Master Coach* formada pelo Instituto Brasileiro de Coaching – IBC, com Certificações Internacionais (IAC - *International Association of Coaching*, ECA – *European Coaching Association*, GCC – Global Coaching Community). Consultora Comportamental com Certificação Internacional (BCI - *Behavioral Coaching Institute*). Especialista em *Business and Executive Coaching*, Linguagem Ericksoniana pelo Instituto Brasileiro de *Coaching* – IBC. Membro Cofundadora do Capítulo Regional do Distrito Federal da ICF - *International Coach Federation*. Pesquisadora e Membro da Sociedade Brasileira de Resiliência – SOBRARE. Palestrante e Cofundadora do Grupo *Master Coaches* Brasil – MCB. Pós-graduada em Gestão de Pessoas e Psicologia Positiva. Criadora e Mentora do VCT – a Vacina que a educação do Brasil precisava para os estudantes de ensino médio.

Contatos
www.treinadorescomportamentais.com.br
www.mastercoachesbrasil.com.br
contato@camilaribeiro.com.br
Fanpage: Coach Camila Ribeiro
(61) 9999-0441

Desde sempre, são raras as escolas brasileiras de ensino médio que preparam os alunos para a escolha da profissão. Antigamente, os filhos, por segurança, seguiam a profissão dos pais. Hoje esta opção ainda é válida se a escolha for realizada de forma consciente. É fácil perceber que existe uma influência muito forte por parte dos pais na escolha da profissão dos filhos, mas identificar o **real desejo** deles não é tão simples assim.

Com o intuito de proteger, pais acabam pressionando para a escolha de determinadas profissões, mas é notável que nem sempre o que foi bom para os pais será bom para os filhos. Cada um tem seu universo interior diferente. Cada um possui ideias, desejos e vontades próprias.

Escolher a profissão é uma etapa extremamente importante na vida de qualquer pessoa. Para alguns, trata-se de uma decisão simples, mas para a grande maioria é um momento de muita dúvida, ansiedade e aflição, pois a decisão repercutirá por toda a vida. Exige-se muito cuidado.

Por ser uma decisão tão importante, alguns estudantes acabam procrastinando e deixam para pensar no assunto depois que terminam o ensino médio. Acontece que nem sempre será uma escolha bem pensada e madura devido ao despreparo. Muitos estudantes se lançam em cursos universitários por influências externas e não pensam em longo prazo. Não refletem sobre as consequências da escolha. Não imaginam como será depois da formação.

Ao bater um papo com estudantes de ensino médio, perguntei sobre os sentimentos e sensações que aparecem quando o assunto é a escolha da profissão e as respostas não me surpreenderam. A maior parte disse que dá um "friozinho na barriga", que ficam ansiosos, que têm medo de fazer a escolha errada, que às vezes perdem o sono pensando nisso, que ainda estão em dúvida, que roem as unhas e assim vai...

Outra questão que lancei foi a seguinte:

— O que influencia na escolha da profissão?

A resposta que mais se repetiu foi:

— Meus pais.

Camila Ribeiro | 61

Alguns também falaram da questão financeira e da própria vontade de atuar em determinada área de trabalho. Como a resposta da questão anterior foi muito forte em relação à influência dos pais, a questão seguinte foi:

— Você já conversou com os pais sobre o seu futuro profissional?

Neste momento senti um pouco de desespero nos estudantes, pois a maioria apenas sabia do desejo dos pais de que se tornassem grandes médicos, advogados, dentistas, engenheiros. Mas nenhum teve a coragem de expressar as próprias vontades. Alguns alegaram medo de decepcionar aos pais e, outros, que não querem causar brigas ou discórdia em casa e "tudo que os pais falam é para o bem dos filhos".

Apenas com estas três questões foi possível analisar os comportamentos e concluir que a educação brasileira precisa preparar adolescentes para a escolha profissional, visando um futuro melhor para o país e, principalmente, para o próprio estudante. Esta responsabilidade não é somente da escola. É um trabalho em conjunto realizado com o apoio dos pais, professores e de *Coaches*.

Vale lembrar que a trajetória da carreira de uma pessoa não começa quando ela já trabalha na área que escolheu. É um processo mais longo que se inicia a partir da decisão sobre a profissão e toda a pesquisa inerente.

De acordo com pesquisas recentes, quase 70% dos estudantes de ensino médio se formam sem ao menos ter uma ideia do que farão de sua vida ou qual curso, universidade e profissão escolher. Infelizmente, esta realidade tem efeito negativo não só para o estudante, mas para os pais, escolas, universidades e até mesmo empresas. Para contribuir com este momento tão especial na vida dos adolescentes, desenvolvi o *Vocational Coaching for Teens – VCT*.

VCT e seu DNA

O VCT é um programa inovador, baseado no *Coaching*, criado para auxiliar os estudantes na descoberta da vocação e na escolha da profissão.

O *Coaching* é o que há de mais moderno em termos de desenvolvimento humano. É uma metodologia diferenciada que auxilia os estudantes ao encontro de um rico processo de autoconhecimento, descobertas, pesquisa, reflexão e motivação. Proporciona aos estudantes mais segurança e assertividade para definir e escolher a profissão.

Confira os objetivos específicos e exclusivos do VCT:

- ✓ Conduzir a reflexão de cada participante sobre si, analisando suas características e explorando as virtudes de sua personalidade;
- ✓ Instigar o pensamento crítico sobre a escolha profissional;
- ✓ Conscientizar os estudantes não somente da importância financeira, mas do prazer e da felicidade no trabalho.

A estratégia dividida em partes responsáveis

Ação da família

Desde a infância, em alguns casos, os pais já começam a "profetizar" profissões renomadas, motivados por possíveis salários extraordinários, imaginando um futuro brilhante para os filhos. Em outros casos, os pais já vão percebendo talentos natos e os incentivam cada vez mais.

Ao alcançarem a pré-adolescência, nossos jovens vivem um período em que a cabeça dá um giro de 360° por tantas descobertas, possibilidades, aprendizados e, muitas vezes, rebeldia. A presença, o apoio e auxílio da família nesta etapa, principalmente dos pais, é muito importante. Muitos pré-adolescentes se sentem desprotegidos e inseguros por não terem o apoio de alguém maduro ao lado.

Na adolescência, hora do "vamos ver", é importante que os pais continuem firmes e fortes ao lado dos filhos, que acompanhem o desenvolvimento e façam parte de suas escolhas. Alguns adolescentes costumam se isolar. Pensam que sozinhos podem mais, que a opinião dos pais não é importante e até sentem vergonha destes.

Dá-se aí a importância de trabalhar valores dentro da família, de ensinar aos filhos o poder de aceitar, respeitar, honrar, amar a história do outro e a própria história. Mas, muitas vezes, os próprios pais optam pelo desinteresse em se aproximar do filho. Afirmam que é um momento deles. Para os pais, convenhamos, também não é tarefa fácil.

Compartilhar os momentos passados e suas histórias de carreira com os filhos, mencionar como foi a sua inserção no mercado de trabalho e a escolha da profissão, pode ser um diferencial. Qualquer relato vindo dos pais será uma referência, uma base para que os filhos reflitam e tirem conclusões com os exemplos da família. Cabe a eles continuar de igual forma ou dar novo rumo à história de sua família.

Outra ação da família é procurar saber quais são os sonhos profissionais do filho e ajudá-lo a analisar as reais condições.

Em quanto tempo?
Qual será o investimento financeiro?
Alguém da família já exerce esta profissão?
Qual universidade oferece o curso?

Vale visitar a universidade e acompanhar os filhos em feiras de estudantes e profissões. Por mais que a decisão não deva ser dos pais, este amparo e apoio podem fazer muita diferença.

Perceber e controlar o nível de ansiedade da família e do adolescente também pode ajudar para que não se tome uma decisão precipitada. Muitas vezes, movidos pela ansiedade de ver o filho na universidade o quanto antes, pais acabam por influenciar negativamente e fazem com que o estudante decida com muita urgência e pouco critério. Neste caso, a pressa se torna um inimigo e uma escolha incerta pode trazer prejuízos não só financeiros, mas de tempo, variação nos níveis de autoestima e determinação.

Ação da Escola

Cada vez mais cedo a escola tem participado da vida das crianças e se tornado um ambiente de grandes convivências. Contribui significantemente para o crescimento e desenvolvimento.

A escola oportuniza aos alunos, independente da faixa etária, um ambiente de boas relações, grandes aprendizados, vivências e experiências fundamentais para formar nossa personalidade.

Sabemos que não vamos para escola só aprender a ler e escrever, mas, de certa forma, para aprender a lidar com o mundo. Dentro de nossa casa, vivemos uma realidade. Na escola, longe dos pais, somos apresentados a outra realidade. Muitas vezes, a adaptação inicial é bem complicada, mas depois se pega gosto pela escola. Por experiência própria e, verdadeiramente, peguei amor. Posso dizer com orgulho que a escola onde concluí o ensino médio, CEM 09 – Ceilândia/DF, transformou-se em referência no ensino público por desenvolver vários projetos e levar muitos alunos à Universidade de Brasília.

As escolas têm preparado os alunos para passarem no vestibular. Isso é ótimo. Este processo chama-se escolarização. E quanto à escolha do curso, à escolha da profissão? E sobre a percepção das vocações? E quanto aos talentos, capacidades e aptidões?

A escola que oferece um programa vocacional ou de orientação profissional torna-se ímpar por levar aos pais e alunos um diferencial nem sempre valorizado ou priorizado. É preciso dar atenção a este processo. Muitos alunos terminam o ensino médio e estão literalmente desnorteados. Não sabem qual caminho seguir ou o que fazer. Pensam em arrumar qualquer emprego com um mísero salário e a vida continua.

Tal qual os pais, as escolas também têm grande contribuição nesta relevante fase de escolhas. A instituição de ensino que oferece um treinamento comportamental extracurricular possibilita uma nova visão do ensino médio e uma inovação genuína na educação brasileira.

Ação dos Educadores

Sempre há um professor que nos inspira. Muitas vezes somos motivados e impulsionados por palavras e gestos de educadores que passam por nossa jornada escolar. Há sempre aquele professor de quem gostamos mais, que nos faz ver o mundo de uma maneira diferente, que nos desperta para a vida e ensina muito além de uma matéria da grade curricular.

Muitas vezes nos espelhamos em nossos docentes, que se tornam grandes exemplos. A ação dos professores diante de um processo de orientação profissional ou vocacional é sempre estimular os alunos para novas descobertas e mostrar que podem mais e mais. Esta postura pode ser assumida em sala de aula e nos encontros do dia a dia. É um processo de "empoderamento" dos estudantes, que nutrem pelos professores muita confiança. O incentivo docente é bem recebido e valorizado. Pela convivência, muitos professores conseguem uma boa percepção dos talentos e habilidades dos estudantes. Pais e professores, entre si, podem trocar *feedback* de suas percepções dentro do ambiente familiar e educacional.

Ação dos *Coaches*

Os *Coaches* são profissionais que conduzem a parceria com a escola, pais, professores e estudantes. Esta parceria é embasada, em todo o processo, pelo *Coaching*, uma metodologia orientada ao futuro, ao alcance de objetivos específicos com abordagem voltada para resultados factíveis.

É um trabalho essencial para direcionamento profissional, no sentido de auxiliar os estudantes em um processo de autoconhecimento, autodesenvolvimento, análise comportamental, alinhamento de crenças, valores e objetivos profissionais.

O processo estimula e potencializa os estudantes para a escolha assertiva da profissão. Proporciona a capacidade de elaborar estratégias, planejamento e, principalmente, de ação, com o implemento de novas atitudes, novo comportamento e novas formas de pensar diante deste momento tão impactante da vida.

Além do trabalho com os estudantes, nós *Coaches* também conscientizamos pais e professores para que o processo seja continuado em casa e em sala de aula.

Ação do Estudante

Este processo direcionado para a escolha da profissão gera resultados extraordinários, mas a aceitação, permissão, verdadeiro interesse e participação do estudante são fundamentais porque todas as etapas são voltadas para ele. Os envolvidos serão beneficiados, porém o estudante dará um salto no processo evolutivo. A partir do momento em que ele se permitir uma viagem ao seu interior e perceber grandes aprendizados sobre si, as questões externas serão mais assertivamente definidas.

Para o sucesso de todo e qualquer processo de desenvolvimento baseado no *Coaching*, seja pessoal ou profissional, a participação espontânea é imprescindível. O adolescente precisa se sentir à vontade para esta vivência tão importante.

Após passar pelo processo *Vocational Coaching for Teens – VCT*, jovens e adolescentes estudantes do ensino médio estarão mais bem estruturados emocionalmente para enfrentar esse período de pressões e escolhas.

Os pais, automaticamente, ficarão mais satisfeitos ainda com a escola e com o desenvolvimento do filho. Conseguirão evitar perdas financeiras, já que será feita uma escolha mais segura e confiante sobre a profissão dos filhos.

As escolas terão destaque porque irão entregar para as Universidades adolescentes mais confiantes e seguros da escolha do curso.

E, por fim, o mercado agradecerá por receber profissionais preparados que se identificam com as profissões e dificilmente desistirão do emprego.

8

Eu maior: de dentro para fora é possível mudar de verdade!

Este trabalho reúne experiências pessoais, profissionais e intelectuais sobre mudanças profundas. Traz dicas simples de como acessar o maior potencial interno e divino. As técnicas e ferramentas do *coaching* comprovam como uma nova vida surgiu, impulsionada por grande dor: da sombra ao melhor potencial! Os eventos narrados ajudaram na conexão com o meu *Eu Maior*. Espero que você encontre a sua conexão

Carine Silva

Carine Silva

Master Coach com certificação internacional através do IBC. *Practitioner* em Programação Neurolinguística - The Society of NLP. Formada em Psicologia Positiva, uma linguagem que propicia o processo evolutivo acelerado, possui ainda formação em hipnose clássica e ericksoniana, ferramentas transformadoras pelo respeito à individualidade. É graduada em Gestão de Finanças com especialização MBA em Gerenciamento de Projetos e MBA em Finanças Empresariais.
Há mais de uma década desenvolve trabalhos empresariais em educação corporativa e consultoria em gestão de pessoas com foco na condução de negociações, desenvolvimento de competências, motivação, liderança e relacionamentos. É *Trainer* Comportamental com certificação pelo respeitável IFT. Atua com palestras, treinamentos e *coaching* nas áreas executiva, carreira, equipe e vida de executivos, profissionais liberais, jovens e adolescentes que buscam atingir objetivos específicos.

Contatos
atendimento@carinecoach.com.br
(65) 9274-7474

Aos 30 anos me senti totalmente perdida. Tudo que acreditava, quem era e o que tinha construído caiu por terra. Sem ter para onde ir, me fechei no vazio gerado pela decepção do final de um casamento cheio de sonhos. Só uma certeza existia: não sabia como prosseguir. Seis meses de análise, julgamento, críticas internas e externas. Naquele domingo, pensei em voz alta.

Este vazio não te levará a nada, mas a decepção mostrará o caminho da mudança.

E assim foi possível continuar. O interior do Rio Grande do Sul foi meu berço. Nasci em família de rígidos costumes, valores e crenças. Desde muito cedo aprendi, quando precisei sair de casa para estudar, aos oito anos, que ser forte é obrigação, chorar não existe em nosso vocabulário e ninguém te ajuda se não tiver algo em troca.

Formei os próprios valores baseados em tudo que aprendi. Fui embora aos 21 anos para Mato Grosso, um estado de costumes e valores inversos aos meus. Na chegada, sofri o choque da mudança. Enfrentei tudo e, aos poucos, fui ocupando meu espaço. Comecei a trabalhar em uma empresa de referência nacional, me formei e especializei. Não tardou para que fosse promovida e reconhecida. Pensava que tudo estava indo muito bem. Dava orgulho para a família pela história de lutas e conquistas da solitária rota para o crescimento profissional.

De volta ao início do artigo, casei-me nesta época. Tínhamos valores diferentes, mas eu lidava bem com isso. Ele não. Menos de dois anos depois, disse que não estava feliz e queria se separar. Tudo começou. Chorei muito, me senti fraca, vulnerável e totalmente perdida. Ainda não sabia, mas minha verdadeira história começava ali.

Comecei a fazer *Coaching* Executivo oferecido pela empresa. Com sessões profundas e tarefas difíceis, comecei a ver mudanças em mim e nas pessoas que liderava como gerente. Percebi que tudo estava dentro de mim e tinha recursos jamais utilizados. A competência escolhida para desenvolver foi FLEXIBILIDADE, algo que nunca tinha me permitido ou aos outros.

A busca interior foi incrível. Tornei-me líder inspiradora, apaixonada por pessoas e o melhor de todos os mundos: sabia falar com elas, abraçar, ser próxima. Este primeiro passo me fez ainda melhor. Pude perdoar, me perdoar, aceitar a separação e entender que era a oportunidade para ser realmente quem poderia ser, sem máscaras ou muros.

Desejei saber mais sobre o que havia dentro de mim. Decidi fazer a primeira formação em *Coaching*. Logo que cheguei, ouvi e vi uma frase:

Quanto mais eu me conheço, mais eu me curo e mais eu me potencializo.

Estava muito feliz. Era exatamente isso que queria: me POTENCIA-LIZAR, mas tinha muito a curar. Ainda não fazia um ano após a maior queda e começava a dar o segundo passo.

Com o tempo entendi que só se transforma aquilo que permitimos. Cada um tem seu ciclo. Nem todos estão cientes do que realmente querem. Com esta energia de autoconhecimento, parti para o próximo passo que previu outras duas formações, *Coaching* Ericksoniano e *Master Coaching*.

Conheci pessoas incríveis, histórias de vida que eram verdadeiros presentes. Novamente me entreguei e me encontrei com o mais profundo do ser: o *Eu Maior*, um encontro fora do ego e dentro da essência. Conectei-me com a maior sombra: o medo da solidão. Não exatamente de ficar só e sim de *estar só dentro de mim*.

Após as formações, comecei as mudanças profissionais. Fiz um planejamento estratégico para montar minha empresa, deixar os mais de 15 anos em regime CLT e atender aos novos clientes, ajudá-los a fazer mudanças em suas vidas, como vinha fazendo na minha.

Montei minha sala em um dos maiores centros comerciais de Cuiabá. Usei todo o conhecimento da área de finanças para estruturar o próprio negócio e um plano de saída da empresa. Treinei uma sucessora, finalizei projetos e o melhor: tornei-me fornecedora de meus antigos empregadores através de consultoria. Deixei por lá um legado de amor, liderança, dedicação e congruência. Sou eternamente grata pela oportunidade de estar lá, crescer e construir amizades sólidas.

A partir destas experiências, compartilho dicas com você que deseja encontrar o sentido de viver.

1. Tenha um tempo diário com e para você, longe de multidões, apenas para se conhecer em silêncio, até ouvir o coração;
2. Tenha sempre papel e caneta para anotar pensamentos;

3. Pergunte-se e escute as respostas que o seu corpo sempre tem;
4. Procure sempre por outras opções. Quando temos só uma, o cérebro pode ficar encurralado e restrito;
5. Ser vítima não ajuda. Assuma o papel principal da vida, analise o que hoje deseja e ainda não fez por esta razão;
6. Diariamente, no espelho, olhe bem para os seus olhos e escolha uma frase positiva para internalizar.

Decidi colher os frutos do que plantei durante a vida toda. Realizei meu sonho. Ministro palestras, desenvolvo pessoas, me conecto com a potencialidade maior e diariamente decido ser melhor. Conscientizo-me que se der o melhor a todo ser humano com quem tenho contato, deixá-los-ei melhor que antes e sigo a lição de Jung: ao me conectar com a alma humana, sou apenas outra alma humana. Vejo nela o melhor que há dentro do ser.

Vivo a missão de buscar o extraordinário, me comunicar de forma afetiva e colaborar com a evolução do mundo. Se você falar com um ser humano na linguagem que **ele** compreende, atingirá seu coração. E um dos maiores presentes que você pode dar a alguém é o tempo, que representa vida. E desde o momento que percebi quão maravilhosa é esta troca, tenho me permitido conhecer, aprender e ajudar pessoas.

Todos temos gigantesca capacidade e na maioria das vezes a deixamos sonolenta. Como dizia o grande mestre Mandela:

"O nosso maior medo é que sejamos grandes além da medida."

É nossa luz e não a nossa escuridão que amedronta.

— Quem sou eu para ser brilhante, atraente, talentoso e incrível? - Costumamos perguntar.

E eu lhe pergunto:

— Quem é você para não ser tudo isso?

Hoje tenho consciência de minha luz e quero deixá-la brilhar para que seu alcance seja cada vez maior.

Se hoje pudéssemos voltar com a maturidade que temos, o que faríamos de diferente?

Teríamos percebido a intuição sobre as escolhas. Nós perdemos muito tempo para repetir, sofrer e perdoar. Se escutássemos mais as respostas de nosso ser maior, ganharíamos mais energia e sabedoria sobre quem somos.

*E o que podemos fazer diferente **hoje, agora,** que mudará toda a vida?*

Conhecer o *Eu Maior* possibilitou exatamente isso em minha vida. Ouvir as respostas, colocar desejo nos sonhos, dispor de energia para alcançar resultados, superar medos e ter uma vida com sentido, ciente de onde quero chegar, de qual é minha missão e legado no mundo.

Se você deseja abandonar a andança em círculos e descobrir o que tem de melhor, te convido a olhar para dentro e perceber os reais desejos, o que faz feliz e o que lhe completa. Talvez muitas mudanças virão e com elas as dores, mas quando sabemos o propósito maior, a dor é passageira.

Precisamos de critérios, análise e muita certeza. Apresento as dicas para que possa fazer isso de maneira segura:

1. Faça um plano de ação estruturado, com começo, meio e fim. Estipule prazos, imagine e veja-se no topo da realização;
2. Tenha gratidão por tudo que já viveu até aqui. Você só teve o desejo de mudar porque tem uma história;
3. Tenha ousadia, sonhe grande, negocie com os medos, contrate um(a) *coach* para ajudar na transição. Você tem todas as respostas e só precisa que alguém faça as perguntas certas;
4. A saúde financeira é essencial, então dê um passo de cada vez. Pressa ou urgência não garantem sucesso;
5. Viva hoje com intensidade e sinceridade. Criticar-se não ajuda a crescer. Avalie-se sem julgamento, é válido e necessário;
6. Com o que temos, chegamos até aqui. Busque mais. Se quisermos ir além, precisamos conhecer, estudar e nos dedicar ainda mais.

Após tantas experiências, tenho certeza: o processo de conhecimento é incessante. Em meu *Coachtório*, acesso e vivo dias incríveis de transformação com os clientes (*coachees*). O melhor que aconteceu em toda minha vida foi ter encontrado o verdadeiro caminho de sucesso. A **chegada** nem é tão importante. O **caminho** é incrível e recompensador, faz brotar criatividade, amor, essência, amizade e, principalmente, a troca.

Por isso existiram grandes mestres que doaram tudo que tinham e se tornaram sábios, pois quanto mais se ensina, mais se aprende. Quanto mais aprendo, mais quero conhecer sobre mim, sobre o comportamento humano, as ferramentas e técnicas que auxiliam nas mudanças. Todo esse conhecimento tem dado a oportunidade de deixar fluir o *Eu Maior* naturalmente e hoje estou em processo de transcendência.

Transcender ao entendimento da mente é criar um mundo melhor, é abrir-se ao novo, é ir além do além, é o amor incondicional ao outro, é deixar que as respostas do coração guiem a vida, é iluminação própria, é fazer a diferença pelo amor que se transmite.

Transcender é estar na luz mesmo enquanto transita, vulnerável, na sombra. É viver aqui, agora e se permitir cada emoção em profundidade.

Apresento o que nos deixa além do tempo: a conexão com o conhecimento e o desenvolvimento, com disposição diária para aprender, adotar o amor e não o julgamento como aliado.

Transcender é aceitar dificuldades e possíveis falhas, dar-lhes novo significado, ver, além da dor, o que tudo isso pode trazer de positivo e agradecer diariamente. A gratidão nos aproxima do que há de melhor.

O *Eu Maior* significa **eu em essência**, sem interferências do mundo. Muitas pessoas percebem que ainda não sabiam o que era medo, insegurança, tristeza. Sem contato com essas emoções, com o passar do tempo, começamos a frequentar a escola, onde há competições, julgamentos e preferências. Algumas vezes temos contato com as emoções familiares e vamos, metafisicamente, construindo o próprio ser repleto de sensações alheias.

Então conectar-se ao ser maior é sentir e ouvir o que vem de dentro, o que é nosso realmente, é encontrar dentro de nós os maiores recursos necessários para sermos grandes e inabaláveis. É fácil? Não! Requer coragem de enfrentar-se, mas afirmo que é maravilhoso, dá sentido, alegria, paz e felicidade à vida. De que me adiantaria ter muito sucesso, bens e dinheiro se no final da vida nada fosse além de uma mulher infeliz, solitária e arrependida? Não precisamos deixar que o tempo acabe para tomar posse da própria vida. Podemos fazê-lo agora e certamente colheremos frutos doces.

Você descobre que está praticando o *Eu maior* quando sente que faz as coisas por amor sem prejudicar ninguém e, ao mesmo tempo, ajudando inúmeras pessoas.

Um empresário de sucesso, por exemplo, trabalha "25" horas por dia, dedica tempo e energia à empresa, tem muitos funcionários, pode oferecer à família muito conforto, viagens e ótima educação. O que teria de errado nisso? Este homem, em nome do sucesso e dinheiro, sacrifica: *a)* a saúde; *b)* a família, pois os filhos estão crescendo sem ver o pai; *c)* a esposa, que passa a maior parte do tempo comprando ou sozinha e *d)* os pais, que precisam marcar hora para vê-lo.

Este homem é feliz em essência ou vive sem nenhum tempo para se perceber?

Que tipo de pessoas serão os seus filhos? A esposa realmente casou-se para viver só? Os pais desejam o que do filho? E como será a velhice deste empresário?

Eu não sei todas as respostas, nem estou aqui para julgar, mas desejo algo diferente para mim. Estou buscando diariamente o que me faz feliz e o que deixa as pessoas que passam em minha vida felizes por eu estar ali.

Desejo que, após lerem este breve capítulo, as pessoas se sintam tocadas com a verdade em essência e, o principal, que possam desejar e encontrar dentro de si o ser maior, estruturar a vida dentro da verdade, do amor, da evolução e que eu possa ajudar de alguma forma, pois faz parte de meu legado.

Deixo três mensagens importantíssimas:

- Persista Sempre!
- Conte com os Anjos!
- Tenha gratidão!

No caminho há sim dificuldades, mas são criadas por nós e, da mesma forma, podem ser resolvidas. Superadas, temos oportunidade para transcender de forma única e trazer inúmeros novos recursos.

Esses anjos são as pessoas que conhecemos durante a caminhada, que têm muito a doar. Não precisamos sempre fazer tudo sozinhos. Vivemos em um mundo no qual coexistem bilhões de pessoas, acredito que seja exatamente para que ajudemos uns aos outros.

Tenha, finalmente, gratidão até mesmo por aquilo que não acha assim tão bom. Sem esses momentos, não amadurecemos. Sou e sinto-me grata. Sem a dolorosa experiência da separação, talvez não escrevesse para você ou não estivesse tão firme no propósito de vida. Eu me separei de uma pessoa, mas me apaixonei pela vida. Agradecer, portanto, nos aproxima da plenitude.

Gratidão por ter lido este capítulo, por ter doado seu tempo a mim, a nós. O tempo não volta, mas o que aprendemos juntos pode transformar nossas vidas para sempre.

9

Do hospital para a vida

Algumas vezes, experiências "horríveis" são oportunidades disponibilizadas pela vida, necessárias para nos colocar em xeque-mate e iniciar o desafio entre as várias partes que nos constituem. Ficar ou seguir? A inércia nos compele à passividade, mas, se assim como eu fiz, você escolher seguir, você será tomado por uma força que a mente consciente desconhece e encontrará poderes inimagináveis

Carmem Lima Hochleitner

Carmem Lima Hochleitner

Master Coach formada pelo IBC – Instituto Brasileiro de Coaching; Especialista em *Coaching* Ericksoniano, *Professional and Self Coaching*, com certificação Internacional European Coaching Association, Global Coaching Community, International Association of Coaching Institutes, International Association of Coaching e International Coaching Council; Analista Comportamental com Certificação Internacional (BCI - Behavioral Coaching Institute). Formação em Psicologia Positiva e *Presence Coaching* Membro fundadora do Master Coaches Brasil – MCB . Membro Associada da ICF - International Coach Federation. Treinadora Comportamental Formada pelo IFT - Instituto de Formação de Treinadores. Especialista em *Coaching* de Carreira, Desenvolvimento de equipes e alta *performance*. Experiência de mais de 20 anos na área Comercial em vendas e consultoria corporativas na área de TI. Atuando em empresas nacionais e multinacionais de grande porte acima de mil colaboradores, o que me confere ampla experiência na área comercial e um perfil empreendedor com foco em objetivos e metas.

Contatos
www.mastercoachesbrasil.com.br
coachcarmemhoch@gmail.com

No início de 2010, descobrimos que eu não poderia ter filhos pelos métodos naturais. A falha médica da ginecologista que me acompanhava há anos fez com que a situação se tornasse tão crítica. Partimos para a primeira FIV (Fertilização in Vitro). Todo o tratamento transcorreu bem, mas não houve nidação do óvulo no útero. Foram meses de expectativas e não conseguimos o nosso bebezinho.

Ainda no começo de 2011, enquanto me recuperava da frustração do tratamento, meu cão Boris, um lindo labrador de 40 kg, considerado como filho, então com 9 anos, retornou ao plano espiritual. Antes de sua partida, foram meses de sofrimento para ele, que lutava no tratamento contra o câncer e, para nós, que sentíamos juntos. No dia 25 de maio, Boris deu o último suspiro no meu colo.

Em julho, fizemos nossa segunda tentativa de FIV, que também não deu certo. No mês seguinte, recebi uma notificação judicial. Uma querida amiga (assim eu a considerava), me acionou, solicitando direitos trabalhistas. Foi uma decepção muito grande, me senti profundamente traída.

Em outubro, desencarna minha querida madrinha e, 15 dias depois, no início de dezembro, meu pai também retornava ao plano espiritual. A esta altura, eu verdadeiramente acreditava que Deus não existia, ou melhor, que Ele existia, mas era muito cruel e, provavelmente, eu era uma pessoa horrível para merecer tantos "castigos".

A partir daí, em dezembro, tive a primeira ida para uma emergência de hospital. Dei entrada me sentido péssima, com nítida sensação de morte. Após todos os exames que não indicavam nenhuma anormalidade, fui diagnosticada com estresse.

Fevereiro de 2012. Após muitos altos e baixos emocionais e físicos, dei entrada novamente no hospital, desta vez quase morrendo mesmo. Ali, segui internada no CTI por 5 dias, conectada a diversos aparelhos. Os médicos não sabiam o que estava acontecendo, eu tinha tudo e não tinha nada.

Muito choro, sofrimento, família mobilizada, todos sem nada entender. De alegre e jovial que sempre fora, agora me agoniava em inexplicáveis dores. Os pensamentos de derrota, o vitimismo, e a energia negativa me derrubaram. Após uma breve alta, retornei ao hospital com os mesmos sintomas.

Desta vez, foram mais 15 dias internada, passando por centenas de exames, tratamentos e transferências para clínicas especializadas.

Foi ali que comecei a perceber os anjos de meu caminho e minha vida. O marido largou tudo para ficar ao meu lado. A família dava um jeito para que todos os dias o meu quarto do hospital parecesse uma festa. Todos estavam empenhados em me deixar feliz. A cunhada, médica, cancelou sua viagem de férias e me acompanhava incansavelmente. Fazia reuniões com os médicos e me levava aos melhores especialistas cariocas. Médicos, enfermeiras, técnicos de laboratório, todos me tratavam com muito carinho. Pessoas que nunca me viram na vida, dedicavam atenção e carinho para me fazerem sentir um pouco melhor. E assim foi fevereiro e março, entre idas e vindas ao hospital.

Tive um diálogo interno e entendi que eu estava com sérios problemas, com distúrbios emocionais. Não sabia nem definir o que ou quais, mas sabia que todos aqueles problemas de saúde no corpo eram causados pelas emoções. Estas sim estavam muito doentes.

Os médicos que me acompanhavam não acreditavam nisso. Para eles, eu tinha uma síndrome incomum e listavam uma série destas possíveis doenças raras que eu talvez tivesse. E toma-lhe exames e mais exames.

Um dia, subitamente, disse com firmeza:

— Chega, eu não quero mais isso. Esta pessoa não sou eu, estes sentimentos não são meus, isso não me pertence. O que está acontecendo eu não sei, mas vou descobrir e virar esse jogo!

Abril de 2012. Tomei coragem. Consultei a psicóloga, Dra. Alice, e, em paralelo, tive apoio do psiquiatra, Dr. Luiz Carlos. Este me explicou sobre o funcionamento do cérebro e disse que o meu, naquele momento, estava com uma "falha" química, enviando mensagens "mentirosas" ao organismo, daí os surtos de pavor e medo. Todo o organismo se descompensava. Ele e Alice me explicaram que ia passar, mas era um processo. Que talvez fosse interessante cuidar dos pensamentos, reforçar a fé e manter o foco no positivo, acreditar que aquilo era apenas uma falha e, juntos, consertaríamos tudo.

Tomei posse de algumas frases que passei a usar como mantra. Buscava leituras e situações que aniquilassem de vez todas aquelas sensações ruins.

Eu tinha muita certeza que sairia daquele estado. A fé, a força e o desejo de mudar foram cruciais. Consegui controlar mente e corpo. Foi um processo longo, de muitos aprendizados, idas e vindas a médicos para regularizar todas as consequências que uma crise emocional gera.

No início de 2014, iniciei minha jornada no *Coaching*, fruto de um trabalho que vinha fazendo com a psicóloga em busca de uma vida com propósito e significado.

78 | Estratégias de Alto Impacto

Eu sentia justa a retribuição do carinho que recebi de todos que passaram pela minha vida durante o processo e o aprendizado que tive;

Eu queria mostrar às pessoas que, quando acreditamos, as coisas se acertam. Deus, o Universo, a Espiritualidade, seja lá o que for, vem para o nosso lado e tudo de melhor acontece;

Eu desejava evidenciar que pessoas incríveis, verdadeiros anjos, surgem em nossas vidas para dar uma grande ou mínima contribuição, mas que fará toda diferença;

Eu tencionava dizer que precisamos travar uma luta contra nossos medos, nossas sombras. Uma luta contra nós e seguir confiando que temos a possibilidade de sair da situação indesejada;

Eu merecia descortinar o que senti e a evolução que obtive, afinal, influenciado por energias, o ser humano se transforma. No meu caso, eu estava rejuvenescida, disposta a mudar e pronta para encarar as sombras que tentavam ser maiores que a minha luz.

E fiz tudo isso. Quando temos fé, percebemos manifestações positivas de diversas formas. Eu verdadeiramente tive contato com Ele através de sonhos e entendi que estava no caminho certo. E então, através do *Coaching*, portas se abriram ao horizonte e tive a certeza de que minha luta tinha sido válida. Naquela época, mesmo sem conhecimento nenhum de conexões neurais, hipnose, crenças limitantes, fui me reconstruindo com a ajuda de muitos e comecei a entender que se a escolha tivesse sido permanecer sofrendo e aceitando tudo o que os médicos me falavam, continuaria doente, portadora de uma síndrome de sei lá o quê. Até hoje estaria acamada (se tivesse sobrevivido).

Assim segui, construindo minhas ferramentas, fazendo furinhos na parede do poço para encaixar pés, mãos e ferramentas. E, dia após dia, criava novas ferramentas para continuar subindo. Precisei, por muitas vezes, quebrar rochas, fazer a chama da luz romper a escuridão para enxergar o próximo passo.

> *Um dia, olhava para cima e entendia que meu desafio era grande, que a escalada era longa. Imediatamente, para me motivar, olhava para baixo e via quanto já me distanciara do fundo. Isso me dava força e coragem para continuar subindo.*

Trilhei a jornada do autoconhecimento e do despertar. Com sede de vencer e entender, busquei inúmeras formações. Hoje sou *Master Coach*.

Utilizo os recursos que me ajudaram a escalar o poço para ajudar outras pessoas. O capítulo deste livro é mais um destes passos, porque, quando compartilhamos, ensinamos e aprendemos ao mesmo tempo.

Hoje, por tudo, tenho enorme gratidão armazenada no coração. Tudo que aconteceu me fez uma pessoa melhor, mais leve. Sou grata pelo contato com a força e a energia de minha essência, por me conhecer e por saber onde consigo chegar.

Acredito que irei longe e retribuirei todo o bem que fizeram por mim. Isso inclusive já tem acontecido a cada *feedback* de um *coachee*, de um amigo, a cada *coachee* que alcança seus objetivos, a cada pessoa que chega chorando em minha vida e sai sorrindo. Sou grata, enfim, pelo resgate de minha vida e por tantas coisas boas que me acontecem diariamente.

Um novo significado

Por experiência, o primeiro passo que você pode adotar para ser feliz: Eu fiz esta escolha e fui em busca dela. Tomei consciência do estado atual. Estava fraca, debilitada, com baixa energia e não sabia como sair daquela situação. Eu sabia onde queria chegar, mas não sabia como deixar aquele lugar triste.

Busquei profissionais que pudessem efetivamente me mostrar esse caminho, que me ajudassem a planejar a estratégia e me apoiassem na caminhada. Pense nisso. Nós, *coaches*, podemos abreviar os seus caminhos. Não temos as respostas certas. Estas quem possui é você. Mas descobrimos juntos as perguntas que geram o necessário movimento.

Precisei fazer uma nova programação cerebral e mudar comportamentos. No lugar de *eu sou fraca, eu não consigo*, eu precisava pensar, sentir e agir: *eu posso, sou forte, estou pronta, é um desafio e eu consigo!*

Você pode estar pensando:

— Ah, Carmem, esta teoria é muito linda, quero ver na prática, na vida real. E aí? Como realizar isso?

Como Einstein dizia, *insanidade é continuar fazendo a mesma coisa e esperar resultados diferentes*. Era isso que a terapeuta dizia quando eu chegava à sessão e pensava em desistir ou afirmava que não conseguiria chegar lá.

O desafio de me conhecer e ter o controle sobre mim. Era isso que me movia. Eu não poderia deixar meu cérebro e meu corpo agirem sozinhos. Precisava ter controle sobre eles.

Do capítulo inteiro, se esta lição ficar internalizada em você, já estarei feliz, porque é esta conscientização que pode lhe mover.

80 | Estratégias de Alto Impacto

A minha história pode inspirar a sua empresa, desde que olhe para as pessoas

O objetivo eu já tinha. A estratégia e o planejamento também. Precisava de foco e ação. Fui buscar informações de pessoas que teriam alcançado objetivos com as competências foco e ação.

Ayrton Senna tinha foco no primeiro lugar, mas não era apenas ganhar. Era entregar um serviço de qualidade e excelência. Ele entendia de mecânica, de tempo, era um estrategista. Tinha foco e agia. No caso de Steve Jobs, o foco era desenvolver a maior e melhor empresa de tecnologia do mundo. Não era apenas ter o melhor computador pessoal, o melhor telefone. Precisava ser bonito, prático de se usar e com recursos que superasse qualquer expectativa. Nelson Mandela, pacifista incansável da causa humanitária, sua luta por uma sociedade democrática e multiétnica o colocou em uma prisão por quase 30 anos. Isso não corrompeu seus sentimentos pela causa. Ele se manteve firme e foi responsável pela refundação de seu país, o que lhe rendeu inclusive o Nobel da Paz.

Então entendi que foco é ter um objetivo, uma meta clara, é ter persistência e não desistir ao contato com as adversidades.

No meu caso, durante o processo e em contato com tantas adversidades, precisava ter o objetivo bem claro na mente e entender que só chegaria lá mudando minha ação.

No mundo corporativo, se os colaboradores não tiverem bem claros os objetivos, a missão e a visão da empresa, não poderão agir e alcançá-los. E se a empresa já se preocupa em manter claras essas informações, mas os colaboradores não atingem os objetivos, significa que precisam ser treinados, necessitam de acesso aos reais talentos, habilidades e capacidades para superarem as adversidades. Pesquisas comprovam que 87% dos colaboradores não atingem suas metas e muitas vezes são demitidos, não por falta de conhecimento técnico e sim por questões comportamentais.

Eu estive no fundo do poço e descobri como os meus comportamentos fazem toda diferença. Portanto, acredite, sei como despertar os melhores comportamentos de sua equipe.

A metáfora do lobo é ainda muito presente em minha vida e uma grande mola de alavancagem. Enquanto escalava as paredes do poço em busca da plenitude que hoje vivencio, ela foi decisiva.

O lobo sempre foi um animal presente na mitologia, um ser lendário que por muito tempo alimenta a imaginação do ser humano com o medo.

É um animal quase sempre perseguido, pouco compreendido e, consequentemente, pouco respeitado. Boa parte da humanidade o vê como símbolo de crueldade e raiva. A rebeldia, característica do lobo, fez com que o homem o considerasse ameaçador. Por isso, enfrentar seus lobos é enfrentar os seus medos, sua raiva e tudo aquilo que impede de avançar, de evoluir.

O medo, por vezes, me impedia de avançar na jornada, de fazer diferente, de sair da zona de conforto, mas a decisão de enfrentar os lobos foi minha. E quando tomamos a decisão de não ouvir mais o medo, este começa a perder força e assim vamos derrotá-lo.

Nós somos o principal interessado em alcançar o sucesso profissional e pessoal.
E também podemos ser o principal sabotador dos mesmos anseios.

Para enfrentar os lobos, precisamos de conhecimento verdadeiro da própria essência, saber até onde conseguimos ir, onde queremos chegar e quão dispostos estamos a lutar. Pergunte-se:

De que, exatamente, eu tenho medo?

Após estudar o próprio medo, ao final você vai perceber que quem determina os limites de sua vida é você.

O que eu ganho permanecendo no estado de medo e letargia?
O que eu ganho, tomando uma atitude e agindo para sair desse estado?
O que eu quero para minha vida? A vida de hoje é a mesma que desejo para mim?

Trabalhei estas reflexões para entrar em ação e ser feliz. Um dia de cada vez, a cada pequena vitória ou conquista, comemorava e partia para a próxima batalha.

10

A hora de (re) começar

Mesmo fazendo o mínimo, há quem passe a vida inteira reclamando que sua existência poderia ter sido maravilhosa. Outros deixam para refletir durante os últimos suspiros a respeito daquilo que poderiam ter modificado ao longo dos tempos. Neste artigo, faço um convite e apresento a você uma maneira de iniciar, neste instante, um (re)começo de vida em busca da sua verdadeira essência

Charles Vargas

Charles Vargas

Possui como missão de vida inspirar pessoas à realização de mudanças nos aspectos pessoal e profissional. Fundador e sócio-diretor da SCORE – Excelência em PNL Aplicada; Formação completa em Programação Neurolinguística – PNL (*Practitioner, Master* e *Trainer*); Formação em Hipnose Ericksoniana – ACT Institute; Hipnólogo Clínico; Treinador Comportamental – IFT; *Coach* Generativo; *Coach* pelo Instituto Brasileiro de Coaching – IBC com certificações Internacionais: Behavioral Coaching Institute (BCI), European Coaching Association – ECA, International Association of Coaching – Institute e Global Coaching Community – GCC. Bacharel em Comunicação Social, com especialização em Gestão Estratégica e Inovação; Mestre em Memória Social e Bens Culturais. Com mais de 15 anos de experiência em comunicação, ministra aulas e palestras nas áreas comportamentais, de vendas e liderança; Um dos criadores do *Workshop* SER; Coautor do livro *Coaching* na Prática.

Contatos
www.charlesvargas.com.br
charles@scorenlp.com.br
(51) 8154-6174

A ideia que apresento nas próximas páginas faz parte de um conceito que venho defendendo junto aos clientes, alunos, amigos e aos que, de alguma forma, possam evoluir com as minhas considerações.

Nos últimos anos, a minha vida tomou um rumo diferente. Mais do que compartilhar as mudanças, quero trazer uma ideia universal, algo que faça você, caro leitor, realmente fazer uso e levar para a sua vida e dia a dia. Se possível, a partir deste instante.

É muito comum, ao menos no meio onde convivo, ouvir as pessoas reclamarem da vida que levam. Reclamam não somente da vida, mas do trabalho, família, marido ou esposa, filhos e por aí vai. Investem boa parte do tempo a colocar culpa dos insucessos em outras pessoas. Dependendo das crenças, culpam até mesmo ao Deus que reverenciam. Para onde puderem olhar e apontar um culpado, ele ou ela estarão lá.

Durante muito tempo, fiz parte deste time e acreditei que era um pobre coitado. Era impressionante como as dificuldades e obstáculos apareciam em minha vida. Eu olhava ao redor e via as outras pessoas crescerem profissionalmente. Ganhavam dinheiro, ficavam com a garota mais bonita. Tudo era motivo para eu apontar e culpar aos outros por meus insucessos.

De certa maneira, faço negócios com diversas pessoas e vejo em algumas uma síndrome, assim como a observo entre o público que frequenta minhas palestras e cursos. Costumo chamá-la de *síndrome do coitadinho*. Este era o meu modelo de pensamento. Para tudo existia um culpado e eu sofria as consequências.

Neste momento, gostaria que parasse um pouco a leitura para pensar sobre você com muita sinceridade.

Qual é o seu modelo de pensamento?
Você costuma colocar a culpa em outras pessoas?
Espera que os outros façam alguma coisa para que você se dê bem na vida?
Espera que o marido, a esposa ou algo mude para que você seja feliz?

Pense. Convido que invista dez minutos de seu tempo para pensar. Aliás, este será sempre o maior convite que farei. Que pare, respire e pense um pouco. Talvez isso seja algo que não faça muito: pensar em você.

Caso eu ainda não tenha me feito entender, desejo provocar como reflexão esta responsabilidade que por hábito colocamos sobre os ombros de outras pessoas.

Talvez minhas palavras iniciais tenham sugerido que tive uma infância difícil, pobre, passando fome. Nada disso. Os pais sempre me deram aquilo que puderam e fizeram sempre o melhor. Os meus problemas nem eram tão grandes assim, muito pelo contrário. Mas, para variar, na maioria das vezes achamos que os nossos são os maiores do mundo.

Parte da causa disso tudo se explica em nossa formação. Na realidade, baseia-se em nossas crenças, nossos valores, naquilo que dizemos para nós. Tudo que eu escrevi até agora, para exemplificar, está passando por seus filtros julgadores e você, provavelmente, está em diálogo interno, investigando se o que estou escrevendo é uma grande bobagem ou se faz sentido.

O fato é que vejo muitas pessoas reclamando de tudo e todos, mas não tomam atitude. Não param um minuto para olhar internamente e fazer algumas perguntas simples, inclusive, para muitos, de difícil resposta:

Para onde estou indo?
Este é o caminho que desejo para minha vida?
O que tenho feito, de fato, para chegar aonde desejo?

Acredite, a solução para muitos problemas que você carrega está baseada nas respostas. Até aqui, talvez, você pense:

Ok, já entendi. Mas como eu faço para encontrar estas respostas?

Uma palavra resume tudo que você deve fazer: atitude. Parece simples. Sete letras, fácil pronúncia, mas, em muitas situações, a deixamos de lado. Seja qual for o momento de sua vida, a situação pela qual esteja passando, boa ou ruim, saiba que para se mover de onde está, é preciso atitude.

Você terá que realizar alguma tarefa sobre a qual, possivelmente, não esteja acostumado. Tirar um tempo e olhar para si. De verdade. Não aquela coisa de momento, como a leitura deste capítulo. Será necessário parar, respirar e olhar para dentro de si durante o tempo que for necessário.

86 | Estratégias de Alto Impacto

Como *Coach*, os resultados que costumo oferecer aos clientes estão baseados nisso. É algo que realmente acredito. É algo que fiz, funcionou e continua funcionando para tantas outras pessoas. Se existe outro método? Deve existir. Mas este é o que eu conheço, aplico e tenho certeza que irá funcionar para você. Se deseja mudar algo, olhe para si. Perceba o que está fazendo e tem funcionado. Identifique o que não está funcionando tanto quanto gostaria. Existe um pressuposto da Programação Neurolinguística: se fizermos a mesma coisa, obteremos o mesmo resultado. Nada mais justo. Faça diferente. Está bem de vida e quer melhorar ainda mais? Mude. Tome uma atitude. Está à beira do abismo? Ainda será possível tomar a direção contrária, mas até para isso atitude faz toda diferença.

O importante é que faça algo por você. Se não o fizer, ninguém o fará. Você é responsável pelos próprios resultados.

Particularmente, comecei a ter consciência de tudo isso quando percebi a ascensão na carreira de uma menina, no passado minha assistente na empresa. Cinco anos depois, tornou-se diretora em outra empresa e eu, entre idas e vindas, continuava na mesma posição. Neste momento, parei para analisar o que estava fazendo. Parei, refleti a procurar respostas para as mesmas perguntas que fiz, anteriormente, a você.

Quando tomei esta atitude, ao deixar de lado o pensamento de ser coitadinho, ao assumir total responsabilidade pelos resultados pessoais, profissionais e financeiros, as coisas começaram a mudar.

Hoje invisto grande parcela de tempo em desenvolvimento pessoal. Entendi que quanto mais me conhecer, maior será a capacidade de controlar e mudar comportamentos indesejáveis. Talvez faça sentido para você.

Certa vez, em determinado treinamento, ouvi de um participante:

— Charles, estava pensando aqui e me desculpe falar isso, mas é surreal ter que pagar para fazer um treinamento onde tenha que parar e olhar para mim.

E ele estava totalmente certo. Infelizmente, na correria do dia a dia, é algo que não fazemos. Não olhamos para nós. Nunca aprendemos a fazer isso na escola. Aliás, quem dera existisse uma disciplina que gerasse este tipo de oportunidade. Como ainda não é o caso, são nestes treinamentos que temos a oportunidade de descobrir quem somos realmente, na verdadeira essência.

Peço sua permissão para fazer a seguinte pergunta:

Pare e pense sobre isso. Prossiga apenas após ter a resposta.

Em sua vida, quem é a pessoa mais importante para você?

Respondeu? É muito comum ouvir as seguintes respostas:

O pai. A mãe. O filho. Porém, quero dizer que a pessoa mais importante de sua vida é VOCÊ, caso ainda não tenha se dado conta. Você é a força motriz de tudo que está à sua volta. Você é comandante de sua jornada nesta vida. Quem você é ou deseja ser depende de sua decisão. De ninguém mais.

Mantenha a mente em excelentes condições. Ela é poderosa e provavelmente você não faça ideia do poder existente nela. Mantenha bons pensamentos. Quebre padrões. Se está sempre reclamando, peça que esta voz interna se cale. Creia, como programador(a) do cérebro você tem poder de decisão.

Outro dia ouvi com muito pesar o relato de uma menina, durante palestra que realizei. Ela desistiu de ser bailarina pela dificuldade de remuneração neste mercado. Para agravar, seu pai lhe dissera que, sendo bailarina, teria que sustentá-la para o resto da vida. O problema não está no fato desta menina ter desistido. O problema é que, quando me disse isso, teve a voz embargada e os olhos lacrimejaram. Se você tem um sonho, corra para realizá-lo. Não deixe que outras pessoas digam que você não é capaz. Busque alternativas, faça diferente, olhe para quem tem sucesso no mercado que deseja atuar e tome rumos semelhantes.

E outra coisa, tome cuidado com as suas palavras. Não tire dos outros o direito de sonhar. Nem que esta pessoa seja você. Dê apoio, mostre a realidade, as dificuldades, mas demonstre pessoas que obtiveram sucesso e que é possível, desde que estejamos prontos para lidar com os percalços, dispostos a pagar o preço necessário.

Além da mente, invista tempo para cuidar de uma máquina que possui, igualmente preciosa: seu corpo. Para que você alcance resultados, o corpo precisa atuar com a eficiência de uma Ferrari.

Seremos tão grandes quanto os nossos sonhos e vamos depender de quão grande possa ser a disposição de ir atrás com o corpo e com a mente unidos. Para isso, a cereja do bolo será a atitude.

Além da questão teórica que já entreguei, agora vou oferecer para você dez passos que construí para que possa sair do estado atual e partir em direção aos objetivos.

Primeiro passo: atenção em você

Procure o autoconhecimento, chave inicial deste processo. Como diz o provérbio popular, "nenhum vento sopra a favor de quem não sabe aonde quer ir". Invista tempo para conhecer suas virtudes e defeitos. Apenas quando souber exatamente o que deseja, avance uma casa.

88 | Estratégias de Alto Impacto

Segundo passo: faça sua lista

Prepare uma relação de alternativas que possui. Quais são os seus recursos? Quais são os obstáculos? Tenha uma clara noção do que precisa realizar.

Terceiro passo: trace metas

Defina data, local e hora exata daquilo que você deseja. Para aliar à meta maior e principal, trace pequenas metas que vão auxiliar no objetivo final e cobre-se pela execução de ambas as metas.

Quarto passo: melhore 1% por dia

A cada noite, assim que colocar a cabeça sobre o travesseiro, faça a seguinte pergunta:

No dia de hoje, o que de fato fiz para buscar meu objetivo? Busque melhorar apenas 1% por dia. Muitas vezes, deixamos de lado os nossos objetivos por conta do percentual que desejamos adotar diariamente. Por exemplo: se você falhou hoje e deu apenas 75% da própria capacidade, desejar o alcance de 100% amanhã é quase impossível.

Quinto passo: comemore

Vibre com os pequenos avanços e permita-se comemorar cada um destes passos alcançados. Com certeza, a comemoração entusiástica será um combustível para o próximo nível.

Sexto passo: siga e persiga

Constantemente, reavalie os planos, perceba o que pode ser modificado e faça os ajustes necessários. Siga e persiga o objetivo com determinação. Obstáculos fazem parte da vitória e muitas pessoas desistem a um passo de alcançarem o sonho.

Sétimo passo: curta a jornada

Muito mais que pensar no objetivo final, se delicie com a jornada, com o processo como um todo, com sua movimentação, atitudes e comportamentos.

Oitavo passo: agradeça

Aprenda a agradecer. Independentemente de suas crenças, tenha gratidão pelo alcance dos objetivos e por quem lhe auxiliou.

Nono passo: aprenda a ouvir

Tenha abertura para ouvir críticas construtivas e aprenda a ouvir de verdade. No momento em que ouvimos sem pronunciar qualquer palavra, podemos encontrar uma bela oportunidade para aprender e descobrir que não somos donos da verdade e não temos respostas para tudo.

Décimo passo: acredite em você

Talvez este seja o passo mais importante de todos. De nada adianta traçarmos metas, iniciarmos em nossa vida uma verdadeira revolução, grande ou pequena, se não acreditarmos que somos capazes.

De onde você tira essa força?

Pense um pouco sobre a sua vida. Reflita sobre tudo que passou para chegar até aqui. Tenho absoluta certeza que você é vitorioso(a). Seja qual for a sua história de vida - e espero, de verdade, que um dia possamos nos encontrar para que me conte -, tenho certeza que é recheada de momentos de insegurança, tristeza, alegria e muitas, muitas vitórias. Quando honramos nossa história, quem somos e tudo que vivemos, encontramos a força necessária para acreditar que somos capazes.

O importante é você começar, de preferência agora, neste instante.

Espero que tenha gostado deste capítulo e que tenha servido para refletir sobre o seu momento atual de vida. Mais que isso, espero, sinceramente, que tome uma ATITUDE. Conforme relatei no início, as mudanças nos pensamentos me levaram ao alcance de novos e melhores resultados.

Se eu já cheguei onde sonhei? Nem perto. Mas, a cada dia, em relação a ontem, estou 1% melhor e 1% mais próximo do desejo maior.

Tenho absoluta certeza de que a vida está reservando algo sublime para você. Não fosse assim, segundo minhas crenças, não haveria motivo para você estar aqui. De alguma maneira este livro veio parar em suas mãos e você se interessou em ler este capítulo. Talvez por caminhos que eu e você nem temos conhecimento, esta seja a sua hora e o seu momento de (re)começar. Talvez tenha agora a chave que precisava para se libertar, ir em busca de algo que já esteja dentro de você e, caso ainda não tenha conhecimento do que é, possa ainda investir cada minuto da vida nesta busca.

11

A sua existência e o poderoso filtro da percepção

A mente inconsciente não faz diferença entre realidade e ilusão. Ela aceita informações e constrói a própria realidade. As palavras geram ações que podem mudar o curso da história. Permitem superar limitações para a conquista da felicidade profissional e pessoal. Acredito na citação bíblica que diz: *"conhecerás a Verdade e Ela vos libertará"*. Desejo uma viagem ao melhor lugar do mundo: seu interior!

Donato Pereira Netto

Donato Pereira Netto

Master Coach. Palestrante & Treinador Comportamental. Advogado por formação, foi executivo no mercado de móveis em alto padrão. Atuou por mais de 16 anos como gestor e líder de equipes comerciais. Hoje atua especificamente em desenvolvimento humano, onde atende empresas e pessoas físicas de maneira personalizada. É treinador comportamental e *Trainer Master Practitioner* em PNL. Acumula formações em Letargia, Renascimento, Hipnose Clínica, Comunicação Ericksoniana, Assessements e Análise 360°. Ao todo, possui oito certificações internacionais. Idealizador e *Head Trainer* dos Treinamentos Neurogramática, Comunicação Eficaz e O Líder Servidor, é *Master Trainer* no Programa de Formação em Treinamento Comportamental – IFT – do renomado mestre Massaru Ogata. Acima de qualquer técnica, prioriza o respeito ao ser humano na essência para entender suas necessidades e, sem julgamento, entregar-lhe o resultado desejado.

Contatos
www.donattonetto.com.br
donato@donattonetto.com.br
(11) 98389-7365

É possível levar uma vida mais feliz e livre do amargo gosto de fatos indesejados que ocorreram ao longo da nossa existência.

O assunto que abordarei tem sido facilitador para ajudar quem me procura como treinador comportamental, hipnólogo clínico, *coach*, renascedor, como pai, amigo ou mesmo em meu treinamento Neurogramática. Desejo que o meu artigo contribua de alguma maneira com todos os leitores, pois esta é a minha missão: levar evolução contínua às pessoas.

Quando tive o primeiro contato com treinamento de alto impacto, algumas questões despertaram ceticismo.

Como seria possível, dentro de somente um final de semana, que as pessoas transformassem suas vidas de maneira tão profunda e eficiente?

Como conseguiriam resolver problemas psíquicos, relacionais, familiares e até melhorar profissionalmente?

Um treinamento de idêntico formato para pessoas com histórias de vida diferentes e, mesmo assim, todas conseguiriam obter resultados diferentes e incríveis.

Será possível? – Eu pensava.

Algo ainda mais intrigante para mim era a heterogeneidade do grupo. Mais de 100 pessoas o compunham: advogados, policiais, engenheiros, estudantes, profissionais de nível técnico, donas de casa, etc. Além destas diferenças, a faixa etária do público variava da recém-maioridade até idades bem avançadas. Nos semblantes, era possível observar fisionomias alegres, expressões sérias, tristes ou sisudas. Como desconheciam o conteúdo do treinamento, havia ainda semblantes amedrontados, ansiosos e alguns pareciam preocupados. Em resumo, era evidente que expectativas bem diferentes estavam reunidas no mesmo evento.

O treinamento iniciou próximo às 21h de uma sexta-feira. Antes de 0h, grande parte do grupo, de alguma maneira, havia se emocionado ou já demonstrava sutil transformação. Até mesmo aqueles que carregavam no semblante certa frieza ou indiferença também manifestavam alguma mudança. Este momento talvez tenha sido o motivo precursor para me tornar pesquisador, inicialmente da PNL e, em seguida, do funcionamento do cérebro na área comportamental, principalmente suas limitações, expansões, medos, traumas, fobias e crenças, aprendidas durante toda uma vida, que possibilitam e motivam.

A *Programação Neurolinguística* (PNL) é uma metodologia que estuda a estrutura subjetiva da experiência humana e sua aplicação para gerar novos ou melhorados comportamentos. Trata-se, portanto, de uma ferramenta educacional e da modelagem de comportamentos assertivos.

Em tese, se modelarmos cada ação da pessoa capaz de fazer algo com excelência, poderemos também fazer o mesmo. Ou seja, a função da PNL é programar o cérebro para obter melhores resultados. De maneira extraordinária, assim defenderam seus criadores, Richard Bandler, expert em computação e lógica e John Grinder, professor de linguística.

Um dia decidiram, em princípio, modelar o comportamento terapêutico de três celebridades do campo psíquico: Fritz Perls, famoso psicoterapeuta criador da Gestalt; Virginia Satir, excelente terapeuta familiar; e Milton Erickson, hipnoterapeuta reconhecido pela rapidez com que alcançava resultados. Ao modelar esses três profissionais, a dupla Bandler e Grinder teve êxito quando percebeu que, para agir como eles, era preciso também descobrir como pensavam.

Foi pesquisando inicialmente a Programação Neurolinguística que descobri uma estratégia fundamental para utilizar não só em treinamentos de alto impacto, mas em palestras, negociações comerciais, sessões terapêuticas, hipnose, sala de aula, educação dos filhos e na própria vida. Esta estratégia consiste em trabalhar o significado através dos FILTROS da percepção que a PNL ensina. Resumirei neste instante e em seguida detalharei ainda mais, para que não restem dúvidas: *omissão* – não desejamos ou até nos recusamos a ver algo, *distorção* – alteramos o contexto do ocorrido e *generalização* – comparamos tudo que nos acontece ao que aconteceu em outras ocasiões. Neste artigo, apenas por mera nomenclatura, tratarei como FILTROS DA PERCEPÇÃO.

Defendo, e algumas linhas da Neurociência também defendem, que o mapa mental do ser humano começa a se formar desde a vida intrauterina, através dos impactos emocionais e das sensações vivenciadas pela gestante. Nós percebemos o mundo externo através dos 5 sentidos: olfato, audição, visão, tato e paladar. Já existem correntes que aceitam falar da intuição como o sexto.

Os sentidos são as portas de recepção do mundo externo, isto é, exatamente tudo que está fora da mente. As paredes do ambiente onde se está, os objetos, as pessoas, até mesmo o próprio corpo e seus órgãos. Mas o que está dentro da mente forma o mundo interno ou mapa pessoal, mapa mental. A informação, ao passar pelos canais de recepção (cinco sentidos) é imediatamente submetida aos filtros da percepção. O resultado desta análise pode ser benéfico ou nocivo para construir o significado. Vamos agora analisar, como prometi, de forma mais detalhada:

<u>Omissão ou Deleção:</u> este é um filtro que permite passar somente eventos importantes ao cérebro e omite ou deleta o restante da informação. No treinamento Neurogramática, ao explicar este filtro, lanço um desafio ao grupo. Apresento uma imagem com várias formas geométricas e diferentes cores. Peço que observem e informem o número exato de círculos azuis. Somente os azuis. Para isso, a imagem ficará projetada na tela menos de 1 segundo. A capacidade do cérebro de fazer este tipo de leitura é impressionante. Assim que a imagem desaparece da tela, a resposta da maioria vem de maneira assertiva: cinco círculos. E está absolutamente correta a resposta. Na segunda etapa, a pergunta ao grupo é se observaram outras formas geométricas: quadrados, estrelas, triângulos, círculos, outras cores, etc. Os participantes advertem que foi pedido para focar apenas nos círculos azuis. Mas a ideia é esta. Orientados a focarem somente em determinado objeto, o filtro da omissão entrou em ação e deletou todas as outras informações contidas na imagem, pois o importante naquele momento eram os círculos azuis. Assim agimos no dia a dia. Fixados em uma ideia central, com foco em determinado assunto ou tarefa, há uma tendência à distração que possivelmente nos cega para as oportunidades e outras coisas importantes que surgem constantemente. É o aspecto nocivo deste filtro. Porém, se uma determinada atividade demanda concentração para o sucesso da realização, o filtro da omissão é excelente para ficar imune aos distratores.

<u>Distorção:</u> é bem comum ouvir as pessoas se retratarem. Elas dizem:
— Não foi bem isso que eu quis dizer!
— Você entendeu errado!
Isso ocorre quando a comunicação não é específica, clara e objetiva.

O filtro da distorção absorve a informação conforme o mapa de mundo da pessoa e a interpreta da maneira mais óbvia para quem a recebeu. Por exemplo:

"Vi as vacas descendo a serra".

De acordo com esta frase, o que realmente aconteceu?

Quem estava descendo a serra? Eu ou as vacas?

Poderia ser mais claro e formar a frase assim:

"Quando eu estava descendo a serra, vi as vacas no pasto".

O filtro da distorção pode ser nocivo em alguns casos. Por exemplo:

"Meu pai fumou a vida inteira e não teve câncer, por isso eu também fumo".

É útil quando ajuda a criar, planejar e prever os resultados de uma experiência. É nocivo quando nos afasta da realidade e nos leva a formatar um modelo de mundo baseado em falsas premissas, ou a tomar fantasias por realidades objetivas, empobrecendo o nosso mapa de mundo ou criando zonas de decisão muito perigosas.

O erro da comunicação é sempre do comunicador.
A comunicação só existe quando a outra pessoa
entende a mensagem transmitida.

Pressuposição da PNL

Nas apresentações ao público, seja palestra, treinamento ou sala de aula, a assertividade é importante na comunicação eficaz para não dar chances ao filtro da distorção atuar nocivamente. Sem este cuidado, a informação pode ter um resultado indesejável.

Generalização: de maneira positiva, podemos aproveitar a experiência anterior e usá-la em nossas próximas experiências similares. A partir do resultado de uma experiência, nossa mente assume que toda experiência semelhante poderá apresentar o mesmo resultado. É o filtro da generalização.

Não é necessário queimar a mão todas as vezes para saber que o fogo queima. Este é o aspecto benéfico deste filtro. Porém, alguém que foi enganado uma vez na vida, pode de maneira nociva e limitante acreditar que, em situação semelhante, será enganado novamente. Esta percepção pode impedir que a pessoa se abra ao novo, às experiências e oportunidades.

O processo de generalização pode ter um controle inteligente que nos permita formatar "programas" não meramente reativos. Do contrário, nos afastará de experiências enriquecedoras pela simples informação da dor que poderão eventualmente trazer.

A informação do mundo externo é captada pelos cinco sentidos e percebida pelos três filtros da percepção, gerando assim o significado das coisas e dos fatos. Virginia Satir foi muito assertiva em sua citação:

> *"A vida não é do jeito que deveria ser. É do jeito que é. A forma como lidamos com esse fato é que faz toda a diferença".*

O fato representa 10%, enquanto o significado que se dá ao fato forma os outros 90% para o mapa mental. Logo, o mesmo fato pode fazer a pessoa sofrer ou ser feliz. Sentir raiva ou tristeza depende deste significado que é único.

Até os 7 anos de idade, a criança percebe o mundo externo pelas sensações e emoções, afinal ainda não tem desenvolvida a cognição. Um grito de advertência para que ela não caia do sofá pode ser percebido pela criança como uma violenta ação fóbica e poderá desenvolver a fobia pela altura ou por algo diferente.

Meu filho, até os dois anos de idade, convivia muito bem com o escuro. Numa noite de calor, as janelas e sacadas de nosso apartamento estavam abertas, quando inesperadamente começou a chover e ventar muito forte. Minha esposa estava fazendo-o dormir na cama de casal. Para evitar que a chuva molhasse os quartos, ela saiu correndo para fechar as janelas. Em voz alta, pediu que eu fechasse a sacada e a área de serviço. Enquanto ela se direcionava para o outro quarto, a energia elétrica do bairro acabou e neste exato momento, a porta da suíte bateu muito fortemente, empurrada pelo vento, deixando meu filho trancado, sozinho, no quarto escuro, sem nada entender.

Tudo isso aconteceu simultaneamente, em fração de segundos, mas foi suficiente para instalar nele um comportamento fóbico em relação ao escuro.

Esta forte emoção do medo desencadeada pelo susto fez a criança passar por uma experiência negativa. E como não tinha cognição desenvolvida, só percebeu a sensação e a emoção. A partir deste evento, irá reagir de maneira negativa com o escuro. Daqui para frente, no escuro e sozinha, o gatilho emocional será disparado e provavelmente reviverá as mesmas sensações de medo que o susto daquela noite lhe gerou.

O grande trabalho agora é dar novo significado para este fato e substituir as sensações negativas por positivas. Isso pode ser feito ainda na infância ou depois, na vida adulta, através da hipnose, PNL ou respiração circular.

No treinamento de alto impacto, a "Gestalt"[1] está beneficiada pela ação das quatro emoções básicas vivenciadas em alta *performance*. Então, o simples fato de saber da atuação ambígua desses três filtros pode nos levar a refletir e adotar um comportamento diferente, a escolher uma vida melhor, em harmonia, compreensão e respeito ao meio em que estamos.

Portanto, é possível interagir sem julgar os valores da pessoa. Imagine como seria o mundo com esta posição perceptual e cultural:

> *Compreender o ser humano na essência, considerando*
> *que todos fazem o seu melhor com os recursos*
> *disponíveis e no contexto em que estão inseridos.*

Esta visão permite perceber o outro de maneira objetiva, com o entendimento baseado na realidade dos fatos e não com a "percepção seletiva", baseada no "EU", ou seja, nas próprias experiências, preconceitos, valores, pressupostos, temores e necessidades individuais.

Ter a consciência que algo é impeditivo para você ser totalmente feliz hoje e que pode ser reavaliado, entendido, ressignificado. Este é um caminho de plenitude. E não é maravilhoso saber que mesmo sem muita habilidade nas pesquisas do desenvolvimento humano, você mesmo(a) pode quebrar este paradigma? Basta responder três importantes questões:

I.   O significado que tem dado para esta ou aquela circunstância de sua vida tem feito você feliz ou lhe faz sentir dor, medo, raiva e tristeza?
II. O significado é maior que o fato em si?
III. Sabendo que os filtros da percepção podem ser a causa desse resultado, se indesejado, o que você pode fazer a partir de agora para mudar a situação?

Desejo que dia após dia, possa colocar mais momentos felizes em sua vida, que goze de plenitude e longevidade para que a sua existência seja extraordinária!

Seja Luz para levar Luz.

---

1 Gestalt: fenômeno psicológico de "configuração" dos eventos.

12

O futuro dos treinamentos comportamentais

Será que em 2016 as pessoas estão prontas para preparar os filhos e netos à ocupação das cadeiras executivas que o futuro reserva?
Digamos que você tivesse contato com alguém do ano de 2080. Que pergunta faria a esta pessoa?
Sou ferrenho defensor da ludicidade como formato de aprendizagem e, por isso, apresento minha contribuição através de personagens que viverão uma aventura, no mínimo, inusitada...

Edilson Menezes

Edilson Menezes

É colunista e consultor literário. As pessoas que têm o sonho de escrever um livro contratam sua consultoria que as instrui desde a criação de estratégias para compor os primeiros escritos até a noite de autógrafos. É idealizador da revisão artística, uma metodologia premiada que lapida textos até que se tornem diamantes literários. Foi coautor da obra "Treinamentos Comportamentais, Ed. Ser Mais" e gravou o DVD profissional "Os segredos para escrever um livro de sucesso", registrado nos estúdios da KLA. Com mais de 20 anos de experiência como vendedor e líder, preenche parte da agenda ministrando treinamentos de alto impacto. É palestrante em todas as edições do IFT e, ao lado do prof. Ogata, ensina como se entrega um legado. Atua como tutor de carreira para palestrantes e coaches. Durante 16 horas apresenta, de maneira personalizada e ao vivo, os aspectos comerciais que permeiam o circuito nacional de eventos.

Contatos
www.revisaoartistica.com.br
edilson@arteesucesso.com.br
(13) 99616-2645 | (11) 99507-2645

No coração da Avenida Paulista, um súbito clarão no canteiro central parou o trânsito.

— É terrorismo! — Sentenciou a velha senhora que passava por ali.

— É ET! — Disse a estudante, assustada.

A polícia, os bombeiros e o esquadrão antibombas foram chamados. Quando a fumaça se dissipou, as pessoas que estavam ali não acreditavam no que seus olhos viam.

De uma pequena nave, menor que um carro popular, o estranho passageiro desceu. Olhou para o agrupamento de pessoas como se estivesse escolhendo o que dizer. Era alto, de pele muito clara e magérrimo. Tinha a aparência aproximada de 60 anos. Usava trajes futurísticos e capacete parecido com o de astronautas.

Ninguém soube dizer como aquele homem chegou. Os curiosos se amontoavam e a imprensa começava a aparecer. O delegado da Polícia Federal chegou. Ordenou que algemassem o homem e o levassem para a sede da PF, a fim de que fosse interrogado. Sua nave foi rebocada pelo departamento de trânsito. Minutos depois de ter surgido esta estranha figura, os jornais do mundo inteiro relatavam o caso.

Perto dali, na delegacia da Polícia Federal, os jornalistas se acotovelavam quando a viatura trouxe o estranho que seria interrogado. Os policiais o levaram pela porta dos fundos, para evitar o caos. Quando ele se sentou, Paiva pediu ao agente que tirasse as algemas.

— Sou o delegado Paiva. Qual é o seu nome?

— Dr. Freitas. Será que você pode me levar ao líder do país? Meu tempo é curto e tenho informações preciosas para vocês.

— Eu não posso simplesmente te levar até a presidência. Antes preciso que me fale mais sobre o truque de mágica que fez. Você perturbou a paz em plena Paulista. O mundo inteiro já fala em ET's.

— Desculpe, não foi a intenção. Já que você não pode me levar até a presidência, será que pode ao menos gravar o que tenho a dizer?

O delegado fez uma careta e ligou o gravador. Detestava receber ordens.

— Então me diga. De onde você realmente veio?

— Venho do ano de 2080. Sou CEO de uma grande empresa brasileira de tecnologia. Nossa organização investe em novos talentos e um destes descobriu como fazer a viagem ao passado com relativa segurança. Era para ter desembarcado no Campo de Marte, mas acho que houve algum erro de cálculo e por isso aterrissei na Av. Paulista.

— Digamos que eu acreditasse nesta coisa toda. Você teria como provar o que diz?

O homem apresentava muita serenidade.

— Sim. Verifique a programação do dia, hora, minuto e segundo no sistema de navegação da minha nave.

Junto com os dois, na sala, estava o braço direito do delegado Paiva, o oficial Nunes. Um olhou para o outro, como se não acreditassem em nada daquilo. O delegado continuou:

— E o que você veio fazer aqui?

— Em 2080, temos no Brasil a OIE, Organização da Inteligência Emocional, subsidiada por minha empresa. Nossas pesquisas na OIE indicaram que em 2016 vocês estão gerando uma espécie de câncer corporativo que pode comprometer o futuro. É por isso que estou aqui.

— Como assim? — Paiva e Nunes perguntaram juntos.

— Em 2016, a educação corporativa de vocês é pouco eficiente. Se isso não mudar, em 2080 robôs dotados de inteligência artificial farão trabalhos estratégicos como vender, administrar, criar e empreender. Ao ser humano sobrará o trabalho operacional que foi testado em robôs, mas não funcionou porque eles não gostam.

— O quê? E um robô tem lá o que gostar ou desgostar?

— Receio que sim, delegado. Estamos falando de robôs completos, de ambos os sexos. São híbridos e, na composição, há tecido humano fabricado em laboratório e terminações sensíveis que substituem nossa inteligência emocional.

O delegado riu da possibilidade e o estranho continuou.

— Isso é o menos importante, delegado Paiva. Ainda pior é a possibilidade de não haver mais trabalhos estratégicos para o ser humano. Segundo os cálculos de especialistas do nosso tempo, 2016 é o ano para começar o plano de inteligência emocional.

— E o que deveríamos fazer?

— Submeter as pessoas de seu tempo ao contato direto com o alto impacto e os treinamentos comportamentais. O cálculo é o seguinte: em

102 | Estratégias de Alto Impacto

2016, e é por isso que estou aqui, empresários e instituições de ensino treinam pessoas para suprirem necessidades administrativas, comerciais, técnicas ou logísticas de seus negócios. O resultado disso é a introspecção em massa. Sem conhecer os limites de seu potencial, o ser humano entra numa espécie de concha. Pode reparar que as crianças, homens e mulheres de seu tempo já começaram este processo. Passam horas na concha digital que vocês conhecem por rede social, mas não treinam e tampouco exploram o cérebro.

O delegado pediu licença e chamou seu fiel escudeiro Nunes. Do lado de fora da sala, mal sabia o que dizer.

— Nunes, você tá ouvindo as mesmas coisas que eu. Este cara pode ser louco ou já nem sei mais no que acredito. Vou voltar e continuar o interrogatório. Enquanto isso, peça para verificarem nos sanatórios de todo o país se algum paciente fugiu.

— Dr. Freitas, ou seja lá quem for você, eu não vou dizer que acredito ou desacredito. Preciso de mais elementos.

— É simples, delegado. Qualquer pesquisa que você fizer indicará que as pessoas de seu tempo não recebem educação neurológica. São viciadas em internet e desapegadas do autoconhecimento. Por isso, estudam, mas não aprendem. Em 2080, temos colônias de estudo objetivo para quem não deseja viver como vocês viviam. Aprende-se no ensino superior aquilo que efetivamente será usado. Já o que é pertinente, mas raramente utilizado, é entregue ao aluno como base teórica apostilada, caso precise pesquisar um dia. Com isso, sobra tempo para treinar a inteligência emocional. Cada aluno recebe dois anos de treinamento comportamental e deixa a instituição ciente das potencialidades e possíveis limitações de seu cérebro. Infelizmente, estas colônias somam apenas 5% da população brasileira porque os demais 95% foram educados por pessoas como vocês. Então, delegado, depois que eu partir, por favor, faça esta mensagem chegar aos ouvidos e olhos dos que formam opinião em seu tempo. Vocês devem fazer alguma coisa agora ou serão empregados dos robôs dotados de inteligência artificial.

E isso já acontece? — Perguntou o delegado.

— Em massa. Inclusive, as leis de 2080 os reconhecem como iguais em direitos. Eles são híbridos e têm algumas necessidades humanas. Ficam com os melhores e mais estratégicos trabalhos disponíveis e, conforme ascendem na posição social, contratam humanos como porteiros, motoristas, faxineiros, pedreiros e quaisquer funções que os robôs não estejam dispostos a fazer. Se vocês convencerem os empresários e as pessoas físicas sobre a importância de treinar o cérebro, poderão concorrer contra os robôs e inverter esta ordem.

— Mas os robôs não seriam perfeitos? Como concorrer?

— Negativo, delegado. A inteligência artificial de 2080 não prevê robôs perfeitos. Decisões consideradas complexas pelo ambiente corporativo exigiram que se fabricasse robôs capazes de sentir emoção. Foi por isso que algumas funções do cérebro humano entraram no processo produtivo. Os engenheiros replicaram nos robôs a capacidade humana de criar, discernir, decidir, sentir, apreciar e, ainda mais grave, deram aos robôs a genialidade e a inteligência emocional que o ser humano deixou de treinar. Tínhamos uma sociedade repleta de pessoas racionais que se recusavam ao treino do comportamento e passavam a maior parte do dia nas redes sociais. O jeito foi investir em robôs. Para ter uma ideia da proporção, delegado Paiva, se não me escutar e não fizer nada, 75% dos cargos executivos serão ocupados por robôs.

— Se tudo isso for verdade, Dr. Freitas, por que o seu interesse em vir até o passado nos avisar?

— Peso na consciência, delegado. Sou o presidente da empresa que fabrica estes robôs. Tornei-me bilionário e as ações de minha empresa valem 20 vezes mais do que as ações da Microsoft, por exemplo. Depois de tantos anos fabricando e convivendo com robôs, percebi que sinto falta de seres humanos nos altos postos da empresa. Conversei com o garoto gênio que me ajudou a criar estes robôs e pedi uma solução para resgatar o potencial humano, ainda que isso custasse o fim de nossa empresa e de minha vida. Foi aí que ele criou a máquina do tempo.

O telefone celular do delegado tocou. Era da Casa Branca. O presidente dos Estados Unidos em pessoa queria informações a respeito do que circulava na imprensa. O delegado Paiva saiu da sala para atender e sua resposta foi a mais franca possível.

— Presidente, eu não faço a menor ideia do que tenho em mãos. Pode ser um gênio ou um louco. Ainda é cedo para dizer. Qual é o interesse da Casa Branca?

— Apoio. Se estiverem lidando com algo que não saibam, posso enviar cientistas para interrogar o seu homem.

— Muito obrigado, mas por enquanto não há necessidade.

Como sempre, os americanos querem enfiar o nariz onde não foram chamados!
— Pensou o delegado Paiva depois de desligar.

104 | Estratégias de Alto Impacto

Voltou para a sala.

— Dr. Freitas, há algo mais que queira me dizer?

— Sim. A nave que vocês apreenderam foi programada para se desintegrar em alguns minutos. Gostaria que o senhor me levasse para um lugar seguro. Eu também vou me desintegrar. Sou a unidade robótica mais avançada que existe em 2080 e, quando entrei na nave, sabia que se tratava de uma viagem só de ida. Ainda não sabemos fazer a viagem de volta e não descobrimos como estabilizar a vida do futuro neste tempo. Por isso vou explodir.

Ele está blefando — pensou o delegado.

— Delegado Paiva, como unidade avançada, eu leio pensamentos. Não é um blefe. Vou explodir em 7 minutos. Sugiro que me leve para um lugar onde ninguém se machuque.

O delegado deu um grito:

— Isso é loucura!

E saiu da sala. Ligou para a cúpula da Polícia Federal.

— Delegado, eu não sei que droga este cara usa, mas deve ser da boa. Obviamente é um louco. Mantenha-o preso até que se descubra de onde saiu.

Ligou para o gabinete presidencial.

— Delegado, resolva esta questão com urgência. Ele falou em se explodir? Então deve ser terrorista. A presidência não quer saber se o cara saiu de outro planeta, do futuro ou do hospício. Precisamos de uma solução imediata porque a imprensa não fala de outra coisa.

Paiva sentiu pesar sobre os seus ombros a decisão. Olhou para o relógio. Se o estranho estivesse certo, faltaria um minuto para que se explodisse. Voltou para a sala.

— Dr. Freitas, eu não posso tirá-lo daqui até que saiba quem você é. Esta história de se desintegrar e explodir...

— Delegado, 40 segundos. As pessoas que estão no prédio vão se ferir. Se você tivesse feito treinamento comportamental, não correria este risco.

Paiva olhou para todos os lados e decidiu. Pegou o estranho pelo braço e saiu andando em direção à saída, a passos rápidos, ignorando as perguntas dos outros policiais. Desceu até o estacionamento. Dr. Freitas disse:

— Parabéns, delegado. Adotou a decisão certa. Faça com que a minha viagem e a minha vida sejam valorizadas. Divulgue a gravação com as explicações que deixei. E agora, fique longe de mim. 10 segundos para explodir.

O delegado hesitou. Mas, aos poucos, foi dando passos para trás. De repente, um clarão seguido de fortíssimo estampido cobriu o estacionamento. Os vidros dos carros se estilhaçaram. Os alarmes dispararam. Os detectores de fumaça foram acionados. Com o impacto, um carro foi atirado contra o peito do delegado e a dor lancinante o invadiu. Durou pouco mais de um segundo, embora tenha parecido bem mais.

— Paiva, acorde, Paiva. Amor, acorde!

O delegado pulou da cama com as mãos a proteger o próprio peito. Abraçou a esposa. Estava suado e pálido. Foi o pior pesadelo de toda sua vida. A esposa perguntou:

— Deve ter sido um pesadelo horrível, amor. Sobre o que era?

— Deixa pra lá!

Paiva levantou-se. Após um banho rápido, tomou um gole de café preto e partiu para a delegacia da Polícia Federal. Lembrou-se da conversa com o chefe na tarde anterior ao pesadelo.

— *Paiva, você é um dos melhores delegados do país e eu sei que não gosta de treinamentos além do protocolo. Ainda assim, quero te comunicar que a Polícia Federal vai abrir 5 vagas para um treinamento de alto impacto só para delegados. Eu ficaria feliz se você participasse.*

— *Chefe, dentro ou fora do Brasil, preciso de treinamento sobre investigação forense, novidades bélicas, mas este lance de comportamentozinho não é comigo.*

Naquela manhã, assim que chegou, foi falar com o chefe, que ficou surpreso:

— Chefe, sobre aquele treinamento comportamental, mudei de ideia. É só me dizer onde e quando. Tô dentro!

O herói de nosso texto, delegado Paiva, fez a escolha correta. Em determinado momento da vida, as informações se tornam blablablásticas e, quando isso acontece, você precisa vivenciar novas perspectivas.

13

A produção artística para despertar o autoconhecimento

Desafio-te ao movimento e, quando não estiver mais parado, desafio-te a sentir tristeza. Em movimento, a pessoa só consegue criar, vencer, amar e ser feliz

Edson Fernandes

Edson Fernandes

Master Coach com especialização em: *Professional & Self Coaching* e *Business & Executive Coaching* e Hipnose Ericksoniana, pelo Instituto Brasileiro de Coaching; Treinador comportamental, formado pelo Instituto de Formação de Treinadores - IFT; Musicoterapeuta, Arte Educador; cursando Graduação de Psicologia e Pós-Graduação em Arteterapia Junguiana.

Contatos
edsonshin@ig.com.br
(11) 98302-6249

O processo de produção artística é um despertar, um desabrochar de sentimentos e comportamentos que resultam na criação. Ambos são atalhos para desenvolver o autoconhecimento.

A música é um excelente exemplo. Sua melodia pode proporcionar harmonia e equilíbrio interno, como também expressar sensações internas.

A dança proporciona ao ser humano localizar-se no ambiente em que se encontra.

As artes plásticas promovem a desconstrução e a autoconstrução das crenças.

As artes plásticas são uma das variedades de artes visuais e representam a expressão, por mais simples que aparente ser, de um processo complexo da exposição de sentimentos e emoções que envolvem uma gama enorme de fatores, cada qual com significados distintos para o artista. Cores, texturas, dimensões, profundidades, parâmetros, formas, enfim, uma série de mecanismos que podem ser utilizados pelo artista para se expressar na confecção da obra.

Durante um processo de produção musical, o intérprete ou compositor expressa sentimentos e pensamentos que está vivenciando no ato da construção, mas também é influenciado por conhecimentos presentes no inconsciente que representam seu verdadeiro eu: sua essência, experiências e conhecimentos.

Interpretar e relacionar a produção musical com a própria pessoa que a construiu auxilia na compreensão da existência deste intérprete ou compositor, de sua importância no ambiente em que está envolvido, bem como sentimentos e pensamentos conscientes ou inconscientes. Quando o compositor musical expressa com palavras as suas vontades e sensações, resgata experiências passadas, revive sentimentos e promove o autoconhecimento.

O movimento do corpo desperta movimento na alma

A dança proporciona consciência corporal e, através dela, o ser humano descobre capacidades, limites, se estimula a superá-los com muita consciência sobre o próprio ser e sobre como se localiza no ambiente momentâneo em que vive. Podemos associar a dança como um conhecimento detalhado do corpo. E a expressão que traduz isso perfeitamente é a busca pela superação, pois quem se conhece procura sempre evoluir, avançar e crescer.

Em uma dança, os movimentos realizados pelo corpo refletem alma, desejo e vontade. A música tem capacidade de despertar uma explosão de sentimentos intrínsecos que são exteriorizados fisicamente em movimentos corporais.

Ou seja, a dança revela emoções internas provocadas pela música.

Tristezas, alegrias e lembranças estão presentes na alma, na consciência e na inconsciência. Quando estimulados, provocam reações e comportamentos. Um fator desencadeante para aflorar estes sentimentos é a música, onde a reação acaba sendo a dança. Logo, dançar proporciona acesso à alma e emoções que a compõem.

O desenvolvimento das artes plásticas é um processo que envolve ruptura com as crenças arraigadas para que se abra espaço à construção de algo inovador. Muitas vezes, o artista se encontra preso por crenças e pensamentos que o influenciam e o limitam na criação de suas obras.

O método criativo das artes plásticas incentiva a quebra dessas barreiras e o desenvolvimento de algo novo, onde o artista se expressa materializando sentimentos e construindo inovação livre de repressões. Neste momento de esmero, o artista se liberta e expressa sentimentos reais. É aí que ele descobre a própria essência, a sua verdade consciente e inconsciente.

Com os exemplos abordados, podemos notar que o método criativo é uma ferramenta fantástica para promover autoconhecimento, além de estar gratuitamente ao alcance de todos. Cabe-nos agora definir como este autoconhecimento pode melhorar a vida pessoal e profissional.

O que move suas ações e sua vida?

O autoconhecimento pode ser entendido como a essência de quem somos. Quando desenvolvido, percebe-se que é formado pelo conhecimento adquirido durante a vida e por experiências ao decorrer dela. Ao relacionar conhecimento e experiência, chegamos à sabedoria que consiste no real aprendizado do ser, influencia na formação ou modificação da verdadeira essência. Isso representa o que de fato move as pessoas, motiva ações e rege vidas.

Como benefício, ao descobrir quem somos e as próprias motivações, traçamos objetivos pessoais ou profissionais calcados na essência, que, por conseguinte, estimulam a vencer limites para alcançá-los. Diferente disso, os objetivos estruturados por desejos fúteis e passageiros dificilmente se realizam. São os castelos de areia que insistimos em montar.

Podemos concluir que o autoconhecimento é um processo que auxilia a traçar objetivos, descobrir as ***reais vontades*** juntamente com a sabedoria adquirida para definir caminhos sólidos.

Quando temos metas e focamos ações nelas, facilitamos imensamente o alcance, porque expressam o verdadeiro ser, a essência, ou seja, um estímulo adicional movido por nossa real vontade.

Autoconhecimento: o recurso menos utilizado no cenário empresarial

A criação artística é uma ferramenta muito útil para as pessoas e empresas. Desenvolvendo a arte, a pessoa se conhece e reconhece, se descobre e consegue situar-se no ambiente.

Na visão moderna, as empresas estão focando em gestão de pessoas. Cada vez mais, o setor de recursos humanos está buscando meios de capacitar funcionários e torná-los pouco a pouco mais eficientes.

Nesta nova visão das empresas focadas em pessoas, uma descoberta muito interessante é que a capacidade de produção está intimamente ligada às pessoas, seus estados emocionais e sociais.

O funcionário com problemas pessoais terá sérios problemas para desenvolver habilidades, porque os reflexos do comportamento pessoal impactam diretamente no resultado da empresa. Por este motivo, uma estratégia muito eficiente para auxiliar os funcionários a solucionarem ou no mínimo minimizarem fatores pessoais que possam afetar no trabalho é a utilização da arte.

O setor de RH pode promover atividades de pintura, escultura, dança, música e outros movimentos lúdicos conectados com a arte. Inclusive, a escolha pode ser voluntária. Cada funcionário escolhe de acordo com suas afinidades. Em sequência, a análise do desenvolvimento obtido em cada atividade pode ajudar no diagnóstico de problemas ou mesmo contribuir com a solução. Vamos entender o funcionamento desta sequência:

- *Empresas estimulam o funcionário com problemas à produção artística;*
- *A pessoa irá expressar-se espontaneamente;*
- *A empresa ganha o poder de identificar com maior facilidade os problemas envolvidos;*
- *A empresa facilita a sua resolução ou minimização, capacita-se para ajudar o funcionário com problemas, que não raro se torna cego para soluções;*
- *O funcionário resolve o problema, sente-se grato e volta a produzir com alto volume.*

As vantagens de descobrir-se através da arte são muitas. Quando se consegue alcançar o autoconhecimento, é possível descobrir os talentos, pontos fracos e fortes em comparação com as metas e objetivos pessoais, sempre considerando sentimentos e emoções presentes no consciente ou no mais profundo inconsciente.

Como pensar além da razão

Durante o processo de produção de uma obra, o artista entra num estado que nós *coaches* denominamos de *Flow*, ou seja, um estado de êxtase, fora da realidade, com foco e concentração na obra. São revelados os sentimentos mais intrínsecos.

No momento em que o artista avança além de qualquer faixa racional, passa para um estágio superior e avançado e, ali, distante de padrões já estabelecidos, produz uma obra que supera as expectativas e expressa o mais profundo ser. É o seu estado *Alpha*[1].

Espaço para criatividade nas empresas: um recurso dos empresários modernos

A sociedade e as empresas sempre se basearam em fatores externos para reger diretrizes e alcançar objetivos. Com a competitividade sempre mais acirrada, as organizações precisaram rever o pensamento.

Em todos os segmentos e portes, as empresas passaram a observar mais os fatores internos, principalmente funcionários e colaboradores. O recurso que vem sendo amplamente usado para atender esta nova visão é capacitação e desenvolvimento de funcionários. E dentre as qualidades profissionais a se potencializar, a criatividade, isto é, a capacidade de criação e inovação, tem encontrado destaque porque os empresários já notaram que é o recurso de maior impacto para conduzir pessoas à excelência produtiva.

---

1 *Alpha – Neste artigo, o termo sugere a visão comportamental da liderança e da posição de destaque, já que a característica Alpha é encontrada entre minorias que se destacam.*

A administração responsável requer inovação como recurso fundamental para se alcançar o sucesso, porque empresas que insistem na rotina nunca obtêm novos e melhores resultados.

Não obstante, grandes corporações têm utilizado essas ferramentas para desenvolver, treinar e melhorar a *performance* dos profissionais. Dedicar-se à arte, expressar os sentimentos pela música, dança, artes plásticas ou qualquer formato de arte que gere prazer, mudará a percepção sobre si e promoverá uma mudança comportamental muito mais embasada nas reais vontades, livres de crenças, repressões ou julgamentos externos.

Expressar-se livremente, desconstruir e reconstruir algo. Somente assim, ao buscar efetivo sucesso, alcançamos autoconhecimento e definimos novos objetivos pessoais ou profissionais.

É isso que confirma o artista plástico russo Wassily Kandinsky:

> *"... quem quer que mergulhe nas profundezas da sua arte, em busca de tesouros invisíveis, trabalha para erguer essa pirâmide espiritual que chegará ao céu."*

As vantagens de longo prazo que o treinamento com música e dança oferece

A música, a dança e a artes plásticas promovem e fortalecem o autoconhecimento, afinal todos sabemos que conhecer-se é um processo contínuo.

O ser humano e o ambiente mudam constantemente: vontades, expectativas, sonhos, desejos e frustrações, enquanto os sentimentos, em sua diversidade, são frutos das experiências vividas.

Ao longo da vida e por conta das situações enfrentadas, tanto as pessoas como as empresas mudam seus objetivos e planos. Confiram 5 prejuízos e 5 benefícios sobre a atividade de autoconhecimento, válidos para empresas e pessoas:

Prejuízos de quem não se conhece	Benefícios de quem se conhece
Não sabe para onde ir.	Sabe onde, como, quando e porque está indo.
Está sempre sonhando com o sucesso.	Sabe ano, dia e até o horário no qual vai atingi-lo.
Reclama muito dos concorrentes.	Usa a competição para policiar-se à excelência.
Considera qualquer pequeno fracasso a derrota final.	Usa o fracasso temporário como escada para se reerguer.
Tem dificuldade para construir bons relacionamentos.	Relaciona-se melhor, pois tem mais autoconfiança.

Conhecer-se não deve ser um processo inconstante ou fugaz. Precisa ocorrer o tempo todo para que se consiga sempre fortificar 3 fatores:

1) **Sentimentos**
   Quando se frustram as expectativas, em desacordo com a essência do ser, provocam-se sentimentos, que podem influenciar nas atitudes do trabalho e do relacionamento com as pessoas mais relevantes de nossa história.

2) **Objetivos pessoais e profissionais**
   Devem estar alinhados para que sejam alcançados. Quando forem conflitantes, poderão causar desapontamento e até dificuldade para concretização. Focar em apenas um deles ou ficar apenas vagando entre os dois inclui ainda o risco de que nenhum se realize. Mesmo que um desses objetivos seja alterado, o outro deverá ser ajustado para entrar em alinhamento com urgência e evitar conflito.

3) **Caminhos pelos quais foram traçados**
   Sempre que se muda a visão, podem-se mudar os objetivos e, consequentemente, o caminho para alcançá-los. Mudar a rota pode ser a melhor ferramenta para chegar ao destino.

Agora que vou me despedir, sinto que é importante assinar uma reflexão e espero que ela encontre eco no mais profundo de seu eu.

Quando consigo fixar os olhos na minha obra, volto a sentir a essência interior e deixo aflorar o poder de criação que existe dentro de mim.

Vamos juntos transformar a sua equipe com dois dos melhores de todos os recursos: movimento e criação. Afinal, cá entre nós, você é uma prova viva de que ambos funcionam. Você ***caminha*** e ***pensa*** todo dia porque já sabe fazer de forma inconsciente.

14

As características comportamentais de realizadores

Tenho um propósito nobre: compartilhar aquilo que aprendi com diversas pessoas, incluindo autores, mestres, amigos e clientes. Se você desenvolver e praticar de forma consciente, as características que apresentarei levarão à realização dos sonhos e propósitos de vida. *Você deseja ser uma pessoa realizadora de sonhos? Desejo que sim! Então, abra as próximas páginas e vamos juntos!*

Edward Claudio Júnior

Edward Claudio Júnior

Administrador de Empresas; Educador Financeiro e Palestrante DSOP; *Coach* Financeiro – ICF (Instituto de *Coach* Financeiro); Graduado em Matemática pela Universidade São Judas Tadeu; Pós-Graduação em Administração de Empresas - Universidade São Judas Tadeu; Pós-Graduação em Planejamento Tributário - Uni-FMU; Formado pelo IFT – Instituto de Formação de Treinadores; Consultor Financeiro Pessoal e Familiar; Certificação CPA-10 – ANBIMA; *Executive Coach* – Net Profit – CAC (Center For Advanced Coaching); *Master Coach* Financeiro – Instituto de Coaching Financeiro; Colaborador da Rádio Boa Nova de Guarulhos; Diretor Financeiro da ABEFIN(Associação Brasileira de Educadores Financeiros); Capacitador dos professores das redes Pública e Particular, da Metodologia DSOP de Educação Financeira; Voluntário da ONG Amigos do Bem; Proprietário da ECJr Treinamentos e Desenvolvimento Humano; Certificação do EMPRETEC – Sebrae; Coautor do livro "Soluções Financeiras" – ICF (Instituto de Coaching Financeiro).

Contatos
www.saobernardodocampo.dsop.com.br
edward.claudio@dsopabc.com.br
(11) 98331-4717 | 2831-8696

Em sua vida, você já deve ter realizado alguns sonhos, mas ainda não conquistou muitos outros que gostaria. Certo? Proponho uma reflexão:

Quais foram os comportamentos que você adotou para alcançar estes sonhos? Quais recursos, internos ou externos, materiais ou não, você utilizou? Ao se deparar com os obstáculos que surgiram no caminho da realização, quais foram as suas ações? Por outro lado, pense nos sonhos que você efetivamente realizou. Compare com os sonhos não alcançados, seus respectivos obstáculos e responda:

Será que utilizou os mesmos comportamentos,
recursos e ações? Provavelmente a resposta é não!

Após ler muitos autores sobre o tema, fazer avaliação pessoal, acompanhar muitas pessoas em meu trabalho como *coach* e educador financeiro, identifiquei que existem comportamentos essenciais para realizar os sonhos e propósitos de vida. Quando os utilizamos de forma consciente, a assertividade é muito maior.

Vou propor que analise em detalhes cada característica comportamental que tem ajudado os participantes de meus eventos a alcançarem seus sonhos. Afinal, grandes resultados se tornam ainda maiores quando encontram eco. Desejo, portanto, que este artigo reverbere em sua vida!

1) Assuma o controle de sua vida

Assumir a direção da vida é conduzir as ações para o
caminho da esfera de importância.

Você está fazendo aquilo que de fato é pessoalmente importante? Ou será que as circunstâncias e o desejo dos outros estão lhe guiando? Quando não assumimos a direção da vida, permitimos que os outros ou as circunstâncias o façam.

O resultado disso é uma vida sem importantes realizações pessoais, que acaba nos levando à frustração, impotência e tristeza.

Nos âmbitos financeiro, profissional e pessoal, você é o comandante da sua vida?

Assuma a direção e reorganize tudo. Aproveite o que é bom e, sem apego, elimine o que não serve.

Planeje, trace novos rumos, saiba o que deseja da vida e defina seus sonhos.

Estabeleça os próximos passos, especifique seus projetos e escolha o rumo de sua vida.

Se não decidir por aquilo que realmente quer, você vai aceitar aquilo que a vida der.

2) Priorize tempo para sonhar

Pense: o que seria uma vida sem sonhos e propósitos?

Negar a importância do sonho é como negar nossa existência. É viver como se não houvesse amanhã. É deixar de realizar o que realmente importa.

Precisamos da consciência de que toda realização nasceu de um sonho. Os grandes realizadores da história, homens e mulheres, foram grandes não apenas porque ousaram sonhar, mas porque acreditaram de tal modo que removeram montanhas para concretizá-los. Perseverança, disciplina, fé, determinação e ações eficazes são alguns ingredientes destes grandes realizadores em suas receitas.

Quanto tempo você disponibiliza no dia a dia para os sonhos? Se a resposta for nenhum tempo, pode estar aí um dos motivos que impedem a realização como gostaria. Invista e priorize uma parte do tempo para definir e planejar os sonhos. Com certeza, aumentará a probabilidade de realizá-los.

3) Escreva os sonhos com detalhes e defina o plano de ação

Quando temos uma vida pautada por sonhos, o sucesso vem muito mais fácil. Tenha sonhos que lhe sirvam de estímulo, para que não passe a vida trabalhando por sonhos alheios.

Sonhar não custa nada e não sonhar custa tudo.

Sem sonhos, não há objetivos. Sem objetivos, não há ações positivas. E sem ações positivas, nada acontece para aproximar você dos próprios sonhos.

Imagine se você pudesse fechar os olhos e, desta forma, em íntima reflexão, contemplasse um sonho que almeja muito, algo que fará a diferença em sua vida e de seus familiares.

Escreva-o em uma folha de papel com todos os detalhes possíveis: forma, tamanho, tempo, valor, importância, recursos necessários, pessoas que podem ajudar ou se beneficiar com a realização e, finalmente, descreva as ações necessárias para atingir.

O processo de escrever os sonhos permite constante reflexão sobre a verdadeira importância de cada um deles e não basta apenas escrevê-los, temos que planejar, agendar ações e inseri-las no dia a dia. Como toque final, precisamos monitorar a execução desses passos e checar constantemente os resultados.

Existe a hora de sonhar, a hora de planejar e a hora de agir.
Para que os sonhos sejam realizados, é preciso transformá-los em
metas, objetivos e desenvolver um eficiente plano de ação.

As metas e objetivos serão um alvo, um fim a se atingir e o lugar ao qual se pretende chegar, representando o que queremos ter, ser ou fazer. Estabeleça metas claras, realistas e monte o plano de ação para alcançá-las, assim tudo se encaixa. Sem elas, é difícil decidir o que fazer.

4) Defina sonhos de curto, médio e longo prazos

Você tem muito bem definido o que quer alcançar e realizar para curto, médio e longo prazo?

Os sonhos de curto prazo (CP) serão realizados em até um ano. Os sonhos de médio prazo (MP), de um a dez anos, e os sonhos de longo prazo (LP), acima de 10 anos.

Assim, você sempre vai realizar sonhos em prazos diferentes e não apenas focando as realizações de CP, deixando MP e LP para um futuro que nunca chegará. Ou, pior, focando somente LP, deixando de realizar sonhos de CP, tornando a vida presente chata e sem motivação.

Ao realizar o sonho de CP, imediatamente coloque mais um de CP para substituí-lo em seu planejamento e assim sucessivamente. Desta forma, ao realizar o sonho de MP, você já deve ter realizado alguns de CP. E quando for realizar o sonho de LP, já realizou diversos de CP e MP.

Este planejamento estratégico é pouco utilizado pelos brasileiros, vai gerar o hábito de trabalhar e agir simultaneamente para realizar os sonhos conforme prazos estabelecidos.

5) Desenvolva o saudável hábito de poupar

Poupar é uma questão de hábito. Uma vez fixado na mente, nos impele voluntariamente à ação. Se você tiver um propósito forte para realizar e um sonho a alcançar, o hábito de poupar ganhará força em sua mente e ficará imune ao consumo inconsciente.

Entretanto, há uma confusão recorrente e vale esclarecer. A formação do hábito de poupar não significa limitar a faculdade de ganhar dinheiro, mas justamente o contrário, ou seja, você estará consciente para não somente conservar o que ganha de uma maneira sistemática, como também classificar como prioritárias as oportunidades maiores, ganhando visão, confiança em si, imaginação, entusiasmo, iniciativa e autonomia para aumentar esta capacidade.

Através do sonho definido, organize mentalmente uma descrição perfeita e definida do que quer, incluindo até a quantia que pretende ganhar.

O inconsciente vai se apoderar do quadro traçado e o empregará como uma "planta" capaz de modelar os pensamentos e ações em planos práticos para a consecução dos sonhos definidos. Como benefício maior, o hábito de poupar vai trazer prosperidade e autonomia.

O hábito inverso de poupar, infelizmente tão comum, que é gastar mais do que se ganha, deve ser evitado. Existem dívidas impiedosas que trazem consigo os juros e minam boa parte dos recursos necessários para a realização dos sonhos. E, sob o peso das dívidas, nenhuma pessoa é capaz de dar o melhor trabalho, criar com talento ou avançar num objetivo definido na vida. Uma pessoa escravizada pelas dívidas não encontra tempo e nem gosto para formar seu ideal, implanta limitações ao próprio espírito e condena-se a viver sob o cárcere do medo e da dúvida que sempre acomete os realizadores.

6) Confie em si

O ceticismo é um inimigo mortal do progresso e do desenvolvimento individual. Aqueles que não confiam em si não atraem recursos necessários para a realização dos sonhos, porque sua mente é uma força negativa que, de tão forte, antes repele e depois atrai. A confiança em si é produto do conhecimento. Precisamos saber até que ponto vai este conhecimento e a maneira como vamos empregá-lo.

Creia em si, mas não diga ao mundo o que *pode fazer*. É preciso demonstrá-lo de forma prática. Acredite e confie que possui habilidade necessária para realizar os sonhos, além de uma futura ação persistente para isso.

Qualquer desejo conservado no pensamento, com persistência encontrará, oportunamente, uma expressão através de qualquer meio prático. Com um planejamento bem formulado, vai fortalecer a realização de cada um dos sonhos definidos. E tenha **cuidado** com os destruidores de sonhos. Estas pessoas constantemente nos dizem que é impossível e afirmam que devemos ter cuidado para "não fracassar". Precisamos estar atentos para não deixar que de maneira alguma influenciem nossas ideias. Procure cercar-se dos construtores de sonhos, sempre pessoas bem-sucedidas e positivas.

7) Tenha iniciativa

A iniciativa é uma qualidade que incita a fazer o que é preciso sem a necessidade de que alguém mande.

Desenvolva-a para fazer o que for preciso a fim de realizar os sonhos.

Quais as competências e recursos você terá que trabalhar ou melhorar para realizá-los? Você vai esperar alguém dizer o que precisa ser feito ou terá a iniciativa de procurar alguém para ajudá-lo?

Grandes realizadores sempre tomaram a iniciativa de agir em favor dos sonhos, não vacilaram e ao invés de depender das circunstâncias, criaram-nas.

A maior parte do seu futuro será sempre resultado de escolhas, ações ou omissões. O futuro serve para ser criado e toda criação requer iniciativa. Aqueles que constroem o amanhã têm a iniciativa de criar dentro da mente e do coração a visão do futuro que querem, plantam as sementes da realização deste futuro no campo dos sonhos, estabelecem metas e regam constantemente suas ações com fé e esperança. Onde você leu **aqueles**, transforme no pronome *eu*, *tome a iniciativa de construir o próprio futuro* e veja como a sua vida vai mudar!

8)   Utilize a Imaginação

As realizações nascem de planos organizados que criamos na imaginação. Primeiro vem o pensamento, em seguida a organização de ideias e planos e, finalmente, a transformação destes em realidade. O começo de tudo está na imaginação.

Imagine a propriedade que pretende possuir, a viagem a realizar ou a situação que deseja desfrutar na vida. A imaginação nos pertence. Façamos, pois, uso dela. Quanto mais a empregarmos, com maior eficiência ela nos servirá, pois permite que façamos uma visão do futuro e, assim, nos ajuda a traçar a missão, as metas e o planejamento. Tanto para uma empresa quanto para a vida pessoal é necessário ter uma visão clarificada de futuro e isso passa pela imaginação.

Esta visão gera uma meta, um desejo ou um estado que nos instiga ao anseio por tê-los e atingi-los. A imaginação é o criador do futuro. Na realidade, pensar no futuro é a única maneira de criá-lo sem tornar-se refém dos acontecimentos. Imagine-se no futuro próximo, em alguns anos, e escreva o que vê. Escreva também o que fez para chegar lá. A chave é usar a imaginação.

E quanto ao passado, quais as lições deixadas que podem ajudar nos desejos do futuro? Acima de tudo, o que você deve fazer hoje, sem hesitar, pelo amanhã que tanto deseja?

Use a sua Imaginação. Esta resposta já está dentro de você, aguardando o resgate.

9)   A relação entre entusiasmo e controle

O entusiasmo é um estado de espírito que inspira e incita à ação para cumprir uma determinada tarefa. Mais ainda, é contagioso e afeta de maneira vital não somente o entusiasta como também aqueles que entram em contato com ele.

É uma força vital e, de tão suprema, influencia no poder de realização. Nenhuma pessoa desprovida de entusiasmo suficientemente desenvolvido conseguirá sequer aproximar-se das façanhas planejadas.

Todos podem desenvolver esta qualidade e aplicá-la ao objetivo principal da vida, estejam ou não em condições de conseguir esse sonho. Mantendo o entusiasmo, por maiores que pareçam os obstáculos no caminho, encontraremos forças ou recursos que não julgávamos possuir e o sonho perseguido será realizado.

Já o controle sobre si permite dirigir o entusiasmo para fins construtivos. Sem controle, o entusiasmo se assemelha à luz do raio: pode atingir um ponto qualquer, pode destruir vidas e propriedades.

O entusiasmo é a qualidade que desperta para a ação, ao passo que o controle é a fiel da balança que dirige a ação, protegendo-a para que seja sempre construtora e nunca destruidora.

A pessoa que tem controle sobre si bastante desenvolvido não se deixa arrastar pelo ódio, inveja, ciúme, medo, vingança ou qualquer forma de emoção destrutiva. O domínio íntimo não a deixará influenciar-se por pessimistas e tampouco permitirá que outros pensem por ela.

10) Concentração

É a prática de focar a mente em determinado desejo até que os meios para a realização tenham sido elaborados e empregados com êxito. É a capacidade obtida por hábito e repetição deste exercício, até que esteja em perfeita familiaridade com o desejo e venha a dominá-lo. Significa, portanto, a capacidade de controlar a atenção e ocupá-la em determinado problema até solucioná-lo. Expressa ainda a capacidade de abandonar hábitos dos quais queremos nos libertar, formando novos costumes mais agradáveis e impulsionadores.

Em suma, concentração é o toque de genialidade que nos faz capazes de: a) pensar como desejamos pensar e não como a maioria pensa; b) controlar nossos pensamentos e dirigi-los para um fim determinado; c) organizar o nosso conhecimento, traduzindo-o para um mensurável plano de ação e d) gerar equilíbrio para os demais nove passos dos realizadores. Tudo o que o ser humano criou até hoje, antes da realização foi criado na imaginação, tornou-se desejo e a concentração o transformou em realidade.

Pense, encontre uma resposta convincente e factível:

Quais são as oportunidades disponíveis para você praticar, neste exato momento, os 10 comportamentos dos realizadores e o que pode fazer para caminhar nesta evolutiva direção?

Pratique, realize e, se encontrar dificuldades para localizar estas respostas que podem transformar a sua vida pessoal e gerar à sua empresa a prosperidade que ela merece, faça contato, pois tenho ajudado muitas pessoas. E, com satisfação, também vou ajudá-lo.

15

A jornada da excelência

A busca pelo sucesso de forma desequilibrada e sem sentido é um dos maiores indícios de que a jornada em sua direção irá fracassar. *Por quê?* Porque a falta de sentido direciona nosso foco para um possível final e não uma jornada. O segredo do sucesso é aproveitar o caminho e verdadeiramente acreditar que o fato de você se mover em direção evolutiva já significa o sucesso em si

Emilio Simoni

Emilio Simoni

Master Coach Trainer. *Master Practitioner* em PNL (programação neurolinguística). Hipnoterapeuta. Treinador Comportamental. Com pós-graduação em psicologia positiva e gestão de pessoas, Emilio Cini é palestrante nas áreas de desenvolvimento humano e funcionamento da mente. Ministra treinamentos de alto impacto para desenvolver relevantes aspectos pessoais e corporativos: Habilidades de liderança pessoal e profissional; Técnicas de vendas baseadas em PNL e neurociência; Relacionamento entre equipes; Produtividade; Hipnose; *Coaching* Executivo. Formata *workshops* com temáticas ligadas à felicidade e usa como base a psicologia positiva para eliminar comportamentos destrutivos e dependência química com técnicas inovadoras e impactantes. Seus eventos têm formato de treinamento, *workshop*, palestra aberta ao público ou *in company*, ministrados pelo Instituto Desenvolvendo.Vc.

Contato
emilio@desenvolvendo.vc

Significado de vida, o foco no caminho

A busca constante por sucesso é o objetivo da maioria. Muitos pensam que é um fim em si, que em dado momento irão chegar ao lugar mágico chamado sucesso e terminar a jornada como nos filmes.

O foco no resultado final e não no caminho é um dos principais motivos da infelicidade, causada pela percepção de não atingir este objetivo. O foco distorcido em um possível ponto final nos cega de tal maneira que não percebemos inúmeros pequenos sucessos atingidos durante a jornada.

Uma das principais maneiras de desfrutarmos da nossa jornada em direção ao sucesso é viver com significado e esta perspectiva está diretamente relacionada com as sensações de felicidade e bem-estar, segundo a psicologia positiva.

Identificar qual é o significado de nossa vida, qual é nossa missão e propósito, vai nos dar indícios de como aproveitar melhor a jornada. A base para esta identificação é conhecer e desenvolver o próprio processo de identidade.

Você pode entrar em contato com sua identidade através de perguntas perspicazes:

- Por que você merece o sucesso?
- Como você vai saber que atingiu o sucesso?
- Supondo que sucesso para você seja um conjunto de objetivos, imagine que tenha recursos e tempo ilimitados. Isso mudaria seus objetivos ou não? E por quê?
- Como acredita que a sua vida vai ser após atingir estes objetivos, quais sensações vai ter que ainda não possui?
- Você está no seu *melhor* quando?
- Ao dedicar esforços para alcançar este objetivo, você está no seu *melhor*?
- Você está no seu *pior* quando?
- O que tem feito para atingir seus objetivos está de acordo com as respostas que acaba de dar?

Estas perguntas identificam o que significa sucesso para você.

O próximo passo é identificar como a percepção de sucesso está alinhada ao seu processo de identidade. Você pode entrar em contato com a parte mais profunda dela usando outras perguntas:

- Quais declarações você gostaria que as pessoas fizessem sobre você quando não estiver mais aqui?
- Como o fato de você atingir ou não o sucesso influenciaria nas declarações destas pessoas?
- Imaginando que formam seu legado para as próximas gerações, que resultado tem obtido de suas ações?

Aprofundando a reflexão, vamos supor que neste momento você não estivesse mais entre nós, neste plano terrestre e sua vida simplesmente tivesse chegado ao fim.

- O que ainda estaria pendente em sua vida?
- O que você deveria ter feito e não deu importância?
- O que você fez e se sente orgulhoso(a) por realmente ter feito em vida?
- O que você fez e se arrepende profundamente?
- O que você pode aprender com isso?

As respostas possibilitam verificar se o que queremos está realmente alinhado à identidade e se não estiver, facilitam o ajuste. Quando o trabalho e objetivo estão alinhados ao nosso processo de identidade, sensações de plenitude e realização beneficiam cada esforço. Do contrário, se a dedicação estiver incongruente com o que realmente queremos e pensamos, vamos nos sentir desmotivados, infelizes na jornada e talvez venhamos a desistir.

O pensamento sistêmico e a escolha do caminho

Qual é a menor parte do objetivo que você poderia executar? Qual a sequência destas menores partes traria os melhores resultados? O fato de dividir e planejar as menores etapas possíveis dos seus objetivos vai tornar a obtenção de pequenos sucessos mais fácil e frequentemente traz uma série de benefícios.

O primeiro deles é o controle da ansiedade. Você vai ter os próximos passos definidos, reduzirá incertezas e direcionará foco para o presente. Cada passo deve estar relacionado com uma unidade de tempo, sejam horas, dias ou semanas. Se um determinado passo exigir mais de uma semana, possivelmente pode ser dividido em passos ainda menores.

A segunda vantagem é o fato de você conquistar pequenos sucessos, que são como uma gratificação. Com o tempo, o cérebro recompensado vai reforçar e transformar em hábito este processo de divisão e conquista das metas. Comemorando cada uma das pequenas conquistas, você vai criar um processo motivacional intrínseco. Caso enfrente dificuldade para concluir estas etapas, existem duas ferramentas que podem ser utilizadas.

1) **Verificação ecológica** – consiste em identificar se alguma parte nossa, consciente ou inconsciente, pode estar pontualmente preocupada:
- Caso seja concluída, como esta etapa pode me afetar positiva e negativamente?
- Caso ***não*** seja concluída, como esta etapa pode me afetar positiva e negativamente?
- As pessoas que estão ao redor podem ser afetadas positiva e negativamente, caso seja concluída?
- Qual intenção positiva se esconde em uma *parte* de você que não concorda com a execução desta etapa?
- Quais outras opções você teria, com as quais esta parte estaria de acordo?

Analise as respostas e identifique pontos de atenção. Normalmente, as respostas são itens que passam despercebidos em nosso dia a dia. Verifique se você está realmente concluindo esta etapa da melhor maneira possível e ela precisa de fato ser finalizada;

2) **Ações de *inevitabilidade*** – assim denominamos a segunda técnica. Funciona como um mecanismo de proteção para evitar que os próprios sabotadores internos atrapalhem a conclusão desta etapa. Consiste em executar ações e o resultado fará você se desapegar de motivos que impeçam o objetivo.
Por exemplo: você tem o objetivo de viver saudavelmente e o próximo passo é iniciar uma caminhada. Porém, adia todas as manhãs porque não tem tempo de preparar uma alimentação saudável que dê sustentação para a jornada. Uma ação de inevitabilidade para esta desculpa seria deixar toda a alimentação pronta na noite anterior. Neste caso, você não teria motivos para adiar novamente a caminhada.

Todo e qualquer esforço bem-sucedido deve ser comemorado. Dê-se um presente para cada conquista. A mente deve estar programada para o merecimento, pois de nada adianta estas estratégias de sucesso se você não acreditar que o merece.

Foco e resiliência para iniciar sua jornada

Nem sempre seremos bem-sucedidos em todos os passos da jornada e do sucesso. É comum aparecer uma série de dificuldades. Muitas você vai superar sem problemas e algumas podem dar um pouco mais de trabalho. É crucial manter o foco mental na parte positiva dos problemas e soluções. Se você está enfrentando um obstáculo, não deixe a mente contestar a capacidade de ser bem-sucedido(a).

Vale ponderar: o que este obstáculo tem de especial que eu não poderia superá-lo?

Lembre-se de todos os outros desafios que enfrentou e saiu vitorioso(a), das sensações positivas da superação e do sucesso. Mantenha o foco nas soluções possíveis e não se contente com apenas uma opção. Seu cérebro é uma incrível máquina de criar combinações.

Se você tem a sensação de que não está bom o suficiente, há outras perguntas.

- O que não está *perfeito*? O que me disponho a fazer para que fique do jeito que quero?
- O que estou disposto *a não mais fazer* para que fique do jeito que quero?
- Como posso desfrutar do processo enquanto faço o que é necessário para que fique do jeito que quero?

Você talvez venha executando tudo de maneira regrada e consciente, o que faz estas etapas parecerem complicadas de início. Torne este processo um hábito e passe a realizá-lo de forma inconsciente, como respirar ou caminhar.

Em cada passo, analise se está fazendo o que realmente é a melhor opção disponível ou se está utilizando a melhor opção dentro da zona de conforto.

Caso você tenha dúvidas sobre a melhor estratégia, pergunte-se: se tivesse todos os recursos necessários e a certeza do sucesso, qual opção escolheria?

Em cada dificuldade, lembre-se:

Você já enfrentou uma série de desafios e superou todos.

O que a dificuldade momentânea tem de especial, diante de sua grandeza e capacidade criativa?

Pergunte para a parte que está duvidando de sua capacidade, como se pudesse conversar com ela:

- *Qual é a sua intenção positiva?*
- *O que você quer de bom para mim?*
- *O que eu poderia fazer para que me apoiasse positivamente?*

Você tem todas as respostas dentro de si, basta fazer as perguntas certas.

Positividade, o sucesso no caminho

Quando exatamente parar a jornada? E muitas vezes nos questionamos: até onde queremos chegar? Este questionamento está conectado com o sucesso como um fim e não meio.

Passamos a vida procurando o que gostamos de fazer e pensando no momento em que vamos nos aposentar. Já dizia Confúcio:

"Escolha um trabalho que você ame e não terás que trabalhar um dia em sua vida"

Se você está verdadeiramente fazendo algo que ama, por que pensar em um dia parar?

A semente da felicidade é focar e tratar cada dia como único. Utilize sua experiência do passado e as possibilidades do futuro como ferramentas para fazer o melhor dia de hoje possível.

As perguntas a seguir podem ajustar sua percepção do momento presente:
- *Pelo que* sou feliz em minha vida agora?
- O que me deixa feliz?
- Como, exatamente, isso me faz sentir?
- *Pelo que* sinto orgulho e gratidão, agora, em minha vida?
- O que resta fazer para me sentir pleno e completo?
- Como posso adicionar ao dia a dia as coisas que ainda preciso fazer e conquistar para me sentir pleno e realizado?

Se a lista destas coisas estiver muito extensa, use o processo descrito no início do capítulo e verifique se o significado do que você quer está realmente alinhado ao significado de vida.

Diante desta nova lista, de maneira equilibrada e sistêmica, o que você pode adicionar ao dia a dia, seguindo o mesmo processo utilizado em sua jornada de sucesso?

O que você precisa fazer primeiro, e como fazer, de modo que possa alavancar os demais itens? Lembre-se sempre de aplicar o pensamento sistêmico em cada um dos novos itens a serem trabalhados.

Nossa felicidade é adaptativa, nossa mente é programada para sempre se adequar às situações de sucesso e procurar novos desafios. Uma das maneiras de manter a positividade em cada conquista é através da gratidão de você para você ou de você para outras pessoas.

A comemoração é um processo de gratidão pessoal. E com relação a outras pessoas? Quais foram as pessoas essenciais em cada etapa da sua jornada? Você já lhes agradeceu ou retribuiu alguma vez?

Se você sente que está em dívida com alguma pessoa que foi essencial em sua vida, pode demonstrar a gratidão com uma carta de gratidão, ferramenta da psicologia positiva. Escreva nela como a pessoa fez a diferença em sua vida, em que momento, o que ou como ela fez e a maneira que lhe afetou. Esta carta deve ser lida pessoalmente por você ou deve entregá-la e pedir para a pessoa ler na sua frente.

Digamos que essa pessoa não esteja mais entre nós. Neste caso pode entregar ou ler para algum parente próximo dela ou fazer da maneira que tiver mais sentido para você.

Com a vida plena, a felicidade traz o sucesso

Busque sempre o equilibro em suas ações. Muitas vezes precisamos de dedicação extrema para obter alguns resultados imediatos de acordo com as circunstâncias, afinal vivemos em um mundo competitivo. Porém, não faça do extremo um hábito. Este comportamento não é sustentável. Busque sempre o equilibro entre o seu trabalho, os relacionamentos e a diversão.

Evite a armadilha de se convencer que é uma pessoa sem tempo. Somos resultados de nossas ações e se você não tem tempo para algo importante agora, amanhã será urgente e você terá ainda menos.

Tenha uma mente aberta e flexível. Lembre-se que você nem sempre vai ter razão. Escute e compreenda o que as outras pessoas têm a dizer. Isso não quer dizer que necessita concordar com opiniões que estejam em desacordo com seus valores e princípios, mas escute atentamente e compreenda o ponto de vista da outra pessoa.

A compreensão dos valores e princípios alheios pode dar um entendimento bilateral do que está sendo discutido.

Sempre questione se o que você está fazendo é o melhor a ser feito ou apenas a maneira confortável. Muitas vezes o melhor resultado está esperando por nós e não estamos dispostos a chegar até ele.

Todos os dias faça uma lista das coisas boas que aconteceram neste processo e a batize como **lista de bênçãos**. Devem constar nela ao menos três itens e caso algo desagradável tenha ocorrido, identifique o que pode aprender com isso.

Felicidade e bem-estar trazem sucesso, não o contrário. Programe sua mente para ser feliz e plena.

16

Você é protagonista da própria vida e ninguém deve segurar a caneta de sua história

Você acredita que exerce liderança sobre a própria vida nos aspectos pessoal e profissional? Já refletiu sobre a sua postura líder diante da vida? Este capítulo é para você que escolheu o papel de liderança e almeja se comprometer para entregar sempre o seu melhor. Aqui encontrará motivações para colocar em prática, tornando sua vida e de seus colaboradores muito mais produtiva, fiel e, portanto, feliz

Gabriella Gulla

Gabriella Gulla

Durante 18 anos atuou como executiva e gerente de negócios na área comercial publicitária em empresas de comunicação como Jovem Pan, RBS, Grupo Bandeirantes e TAM. Nos dias atuais exerce intensamente suas funções como *Master Coach*, Palestrante Motivacional e Treinadora Comportamental. Profissional com foco em carreira pelo Instituto Maurício Sampaio (IMS), lida com orientação e *coaching* vocacional, *coaching* universitário (inclusão dos estudantes ao mercado), *coaching* de transição e desenvolvimento de carreira. Formada como treinadora comportamental e palestrante motivacional pelo IFT (Instituto de Formação de Treinadores). Formada como *Master Coach* – Graduate School of Master Coaches pelo IBC com diploma reconhecido pelo ICI, ECA, GCC (EUA/Austrália, UK, Alemanha e Suíça). Consultora 360 graus especializada em análise comportamental para pessoas físicas, equipes e organizações. Facilitadora em aprendizagem *Experiencial* & Desenvolvimento de Equipes de Alta *Performance*.

Contatos
gabriella@gullacoaching.com.br
www.facebook.com/gullacoaching
(11) 99125-4547

Já parou para pensar sobre quanto tem deixado a vida no piloto automático? Isso, ficamos vulneráveis ao estilo "deixa a vida me levar" e só aproveitamos as oportunidades que aparecem, sem traçar metas e seguir rumo ao alcance com decisões em direção à felicidade!
O que é felicidade para você?
Faz sentido se eu afirmar que felicidade é nos sentirmos plenos nos aspectos pessoal e profissional?
Digamos que você responda *sim*.
Ainda assim ficou vago, não é mesmo?
Quero compartilhar uma crença que desenvolvi nestes anos:

Não conseguimos dividir a vida pessoal da vida profissional.

A estrutura da carreira depende de certas tendências: personalidade, aptidões, interesses, motivações e valores. Tudo isso sofre influência de pressões e demandas culturais ou familiares. A constituição de uma carreira é, portanto, resultante da interação dos fatores internos da pessoa aos externos.
Ou seja, para nos sentirmos plenos, devemos executar algo que esteja totalmente ligado ao singular ou individual.
Como dividir você em dois?
Mesmo tentando fazer este trocadilho, fica claro que somos um só, apesar dos vários papéis que exercemos, certo? Por isso, a escolha da carreira é tão importante. Vamos executar e realizar, pelo resto de nossas vidas, algo que realmente tenha valor para nós e, ao mesmo tempo, para outras pessoas também. Isso faz sentido para você?
Vamos refletir:

Quando juntar as respostas provenientes destas questões, o resultado deve ser coerente.

Sim, você deveria desenvolver a carreira no sentido pessoal e, por consequência, tornar-se produtivo(a) como profissional. A regra é a mesma: vale para o executivo e o empreendedor.

Indo a fundo, muitos não tiveram uma boa oportunidade quando escolheram a carreira, antes do vestibular. E os motivos de interferência externa podem ter sido vários:

- Interferência dos pais, que projetaram nos filhos aquilo que gostariam de ser ou cobraram deles a continuidade dos negócios já desenvolvidos pela família;
- Amigos alardeadores do pessimismo que decretam: você não vai ganhar dinheiro nesta área;
- Pessoas com visão distorcida, descontentes com a suposta profissão que gostariam de seguir;
- Pessoas desconhecedoras do suficiente para fazerem uma escolha assertiva.

Nunca é tarde, entretanto, para desbravar novos caminhos e seguir em busca de uma vida mais verdadeira, fiel ao sentido de ser completo(a) e unir vida pessoal à profissional. As pessoas que mais me procuram são aquelas que desejam uma transição de carreira e não sabem nem por onde começar.

O principal motivo é que já passaram tempo demais a fazer o que não gostam. Assim como o trabalho pode ser fonte criadora de condições para a satisfação, idem para grandes frustrações, insatisfações e dores.

O trabalho ocupa lugar de destaque na vida das pessoas, é uma garantia do sustento de si e da família, posição social, cargos e nomeações. Além do tempo que dedicamos, em média 1/3 do dia, motivo justo para sentir-se produtivo, realizando para si e para os outros, praticando sempre a roda da abundância, onde aplicamos os verbos:

Declarar - saber quem somos
Pedir - você sabe o que e como pedir o que realmente quer
Agir - ousar fazer diferente
Agradecer - ir além, entregar ao universo mais do que se propõe a fazer

Praticar estes quatros verbos e transcender ao melhor que podemos ser exige paixão pelo que realizamos. Um momento feliz é aquele que você deseja não acabar tão cedo, onde descobre sua praia e encontra a mesma potência da muda de uma planta, cujas características que são as suas, frutificadas, poderão ensejar a árvore de um profissional que vai exercer as funções com amor, paixão e dedicação.

Ao descobrir o seu verdadeiro negócio, você não quer que a vida acabe, porque instantes de uma vida feliz são assim. Quando nos desenvolvemos após a descoberta da missão de vida, nos dedicamos e transformamos tudo, pois, se agimos de acordo com a própria natureza, nos entregaremos sem perceber o tempo passar.

Desatentos à vigilância, vamos romper madrugadas sem dar importância ao fato de trabalhar acima da média, pois haverá um legado em construção.

Antes da percepção de investir toda energia por se doar demais, sentirá como se estivesse praticando o *hobbie*. E cada meta atingida será uma vitória, uma explosão de alegria. Por isso, defendo com unhas e dentes: a jornada é mais importante que o destino.

Seja fiel às escolhas e pague o preço, certo? Você está aí por suas escolhas e todas as profissões oferecem vantagens e desvantagens.

Estes argumentos me fazem lembrar um treinamento que ministrei para médicos e enfermeiros na inauguração da UPA (Unidade de Pronto Atendimento) de Itaquaquecetuba. Vou compartilhar:

Eu, com este rosto de menina apesar dos 40 anos, fui contratada pelo INASE, Instituto Nacional de Assistência à Saúde e à Educação. O objetivo era treiná-los sobre atendimento humanizado para os profissionais da área de saúde daquela unidade. Imagine minha petulância ao ensinar médicos sobre como deveriam atender seus pacientes?

Sim, o ambiente era hostil, na verdade queriam me engolir viva naquele instante. Eu sentia isso na pele. Eles deixavam bem claro e não se esforçavam nem um pouquinho para disfarçar o descontentamento de me verem ali. Mas continuei como se nada estivesse acontecendo. E, algum tempo depois, um deles levantou a mão e pediu o microfone.

Ui. Eu tremi mesmo e pensei:

Deus, dê-me habilidade necessária pelo que está por vir!

O neurocirurgião pegou o microfone e começou:

— Gabriella, entendo suas melhores intenções, mas você não reconhece nossa realidade. Quando estamos atendendo o paciente e demoramos um pouco na consulta, já começam a chutar a porta, gritam e xingam lá fora. Realmente é muito desgastante.

Reassumi o microfone, respirei fundo e as palavras brotaram naturalmente:

— Dr. José Carlos, eu entendo. Em nenhum momento sugeri que fosse fácil. Proponho que seja fiel às escolhas e pague o preço. O senhor escolheu esta profissão extremamente desafiante, sabendo que muitas vezes deixaria seus filhos doentes em casa para cuidar do filho de outros, ciente de que faria plantão durante as festas natalinas, lidaria com vida e morte, sabendo que trataria com pessoas muitas vezes atormentadas, desgastadas, no limite da dor sentimental e física. Dentro deste contexto, seja o melhor que pode ser com as ferramentas que possui e com o seu ambiente de trabalho. Realmente esta profissão não é para qualquer um. Eu mesma, como *coach*, viajo muito para ministrar treinamentos e, em pleno sábado, deixo meus filhos, uma menina de 9 anos e um bebê de 1 ano, para estar aqui com vocês. Sabe por quê? Eu amo fazer a diferença na vida das pessoas, amo contribuir para a evolução de cada ser que passa pelo meu caminho e por isso estou disposta a pagar o preço.

Um silêncio se instalou naquela sala e os olhos do médico se arregalaram. Naquele momento sublime percebi que sim, estava fazendo diferença na vida daqueles profissionais. Ou melhor, seres humanos.

No decorrer do treinamento, todos começaram a participar, contribuindo, chancelando ou complementando o conteúdo que eu oferecia. Depois do questionamento respondido, tudo fez muito mais sentido para eles. Do ambiente antes hostil, agora experimentávamos, eu e eles, um momento maravilhoso e generoso de transformação.

Ayrton Senna dizia:

— *Eu quero ser o melhor piloto do mundo!*

E foi, mas pagou o preço de suas escolhas. Sabia tudo sobre o carro. Ficava imerso por horas, estudando e acompanhando tudo que acontecia dentro e fora do autódromo. Era admirado por todos. Em paralelo, muitas vezes abria mão da vida pessoal e do convívio com a família para atender a missão de vida e o legado. Ele não trabalhava pelo pódio e sim pelo todo, mesmo encarando os prós e contras de sua profissão. Sabe por quê?

> *Naquele lugar ele se sentia vivo, vibrava e se desafiava quase permanentemente.*

Quase toda a humanidade vive este dilema:

> *Se não tem o que quer, a pessoa sofre. Mesmo que consiga o que quer, ainda assim vai sofrer.*

Não podemos ficar presos pelo resto da vida ao único sonho. Sim, sim, sim, a felicidade está na jornada, meus caros leitores, e não no destino. Quer ver?

Onde você está? *Aqui.*

Que horas são? *Agora.*

O que você é? *Este momento.*

O universo é prospero e potencialmente abundante. Cada uma das suas dimensões se manifesta de determinada forma e a Terra é a expressão máxima desta materialidade no aspecto de bens. Antes, porém, tanto a prosperidade como a abundância precisam existir da forma mais sutil, que nós conhecemos como "estado de espírito".

Convido você a refletir sobre a sua vida profissional. Comece a perceber o que faz em seu dia a dia que dá a sensação de um momento realizador, de um momento mágico no qual as horas simplesmente não existem, gerando o desejo de ficar ali, horas, fazendo o mesmo, sem cansaço.

É isso, qualquer ação na qual utilize seus talentos naturais fará você ir além, com vontade para continuar se aprimorando e se movimentando no sentido de ser o melhor que pode ser naquele momento.

A sua vida feliz depende de quanto talento
tem sido utilizado. O que você ama fazer?

Se você não reconhece os talentos naturais, chegou a hora de se olhar. Fomos ensinados a acreditar que o negativo equivale a ser realista e o positivo é coisa de idealistas.

Quantas proezas, heroísmos ou recordes já testemunhamos pelo desenvolvimento dos talentos? A história está cheia de exemplos, basta ler o livro dos recordes mundiais. Ao mesmo tempo, muitos destes talentos são desperdiçados. Isso não quer dizer que seja fácil e rápido realizar sonhos com os talentos. Muita persistência, técnica e experiência são importantes para se chegar à realização de grandes objetivos ou propósitos e os talentos são a matéria-prima que forjam a excelência e a magnificência.

Um jornalista perguntou para Thomas Edison sobre os seus mil experimentos fracassados antes de criar a lâmpada e a resposta foi categórica.

— *Nunca tive um fracasso. Em mil oportunidades, aprendi tudo que não devia fazer, sendo, portanto, sucessos. Graças a eles, criei a lâmpada. E agregou: tive 10% de inspiração e 90% de transpiração.*

O talento sem disciplina não produz resultados satisfatórios.

Vale gastar anos, com bilhões de minutos,
para viver uma vida que não é a sua?

Vale dedicar-se com persistência, técnica e experiência em algo que não motive, que não goste e para o qual não tenha talento natural?
A dica de ouro:
Não espere chegar ao extremo para tomar a decisão de investigar novos caminhos em sua vida profissional. Quando deixamos as coisas chegarem ao extremo, fazendo o que não gostamos sob ameaça de perder o emprego,

geramos sofrimentos psíquicos que ameaçam a subsistência, a vida material do trabalhador e de sua família.

Ao mesmo tempo, pode abalar a percepção do valor subjetivo que a pessoa se atribui, gerando sentimento de menos valia, angústia, insegurança, desânimo e desespero, caracterizando quadros ansiosos e depressivos nos quais as pessoas não sentem forças para mais nada.

Movimente-se já!

Nada acontece sem o abandono da zona de segurança. Praticando-o, podemos desbravar em busca de nossas conquistas, pois o mundo é muito mais interessante e divertido quando somos executores. Contrate um profissional como *coach* para viver esta transição tão importante e desejada.

Os *coaches* estão pesquisando e contribuindo em diferentes áreas que vão desde as questões ligadas ao planejamento pessoal, desenvolvimento de carreira, finanças, apoio para executivos e líderes, até as equipes de vendas. No total, são mais de 20 especialidades.

Recentemente, o processo de *coaching* invadiu o setor educacional e já era previsível. Este enorme universo de relacionamentos e interações foi onde o *coaching* promoveu suas primeiras inserções por meio de grandes filósofos como Sócrates e Aristóteles.

O *coaching* vocacional está chegando com força total entre os jovens e suas famílias. Representa um grande recurso para evitar escolhas inadequadas de carreira e conter a avalanche de pessoas totalmente descontentes com a vida profissional.

A expectativa de existir uma fórmula mágica para a vida é a fonte de tantas decepções.

> *De peito aberto para o mundo, o encaramos como ele é, em seu total ineditismo e acabamos por descobrir que nenhuma fórmula oferece garantias.*

> *Estamos diante de um mundo extraordinariamente competente para entristecer, mas igualmente capaz de proporcionar grandes alegrias, surpresas e momentos que nunca mais gostaríamos de ver o fim.*

Sem orientação profissional, encontrar estes momentos felizes pode ser um processo doloroso e até mesmo inalcançável, enquanto um profissional como um *coach* pode tornar a busca leve a prazerosa. Como já afirmei, a jornada é mais importante que o destino e este, por sua vez, nada mais é do que eu, você e o outro convivendo em harmônica amplitude.

17

Pivotar na carreira para não fracassar com o sucesso.

Acredite, é possível refinar o paladar no drive thru das profissões.

O artigo utiliza temas de gestão empresarial e do cotidiano social para tratar sobre a importância da elaboração de um coerente planejamento estratégico, guiado para a transição de carreira. Considerando a descoberta do propósito individualizado de cada pessoa o pontapé inicial da brilhante conquista, valorizamos sensíveis conscientizações, preciosas para a busca por agressivos resultados em prazos limitados

Israella Ramalho

Israella Ramalho

É empreendedora apaixonada por desenvolver o ser humano. Em seu exponencial crescimento no cenário digital, vem conquistando poderosa audiência diante de empreendedores nacionais e internacionais. Fundadora do Instituto Ampliatino, é treinadora comportamental com MBA em Gestão Empresarial pela FGV, é especializada em Gestão de Pessoas com *Coaching*. Israella possui certificações internacionais e atingiu o nível de excelência como *Master Coach*. Além de lecionar em pós-graduação, é palestrante. Desde o primeiro contato formal com o mundo dos negócios, aos 18 anos, demonstrou elevado interesse pelas possibilidades que a educação pode proporcionar e desbravou diversas áreas do conhecimento. Iniciou sua trajetória acadêmica estudando Relações Públicas, mas foi o Direito que a fez embasar com lucidez a prudência, fundamental para gerenciar e desenvolver negócios. Antes de ensinar e treinar líderes, acumulou experiência em contextos diversificados que a fizeram aplicada e competente líder pelo próprio exemplo.

Contato
israellaramalho.com.br

aminhar até uma específica direção, planejar e executar o projeto com domínio, disciplina e qualidade. Sim, isso tudo vale muito a pena mesmo que, certo dia, faça mais sentido mudar o rumo ao ajustar a vela, já que a direção do vento não pode ser modificada. Completa ou parcialmente, todo conhecimento adquirido é utilizado para consolidar uma nova atividade e pode até ser um grande diferencial durante o processo de transição.

Fases da vida não alteram a importância da decisão sobre o destino que está em jogo. Enquanto a dor não for pequena, o motivo será sempre justo e a comuta, necessária.

Diversas analogias podem ser feitas quando tratamos uma alteração de rota cuja busca seja recolocação, transição ou até a inicial escolha pela carreira.

To pivot, por exemplo, é uma expressão do basquete e pode ser adaptada às mais diversas vertentes. Traduzida para o português como *pivotar*, o neologismo passou a ser largamente utilizado para indicar o jogador que se vê encurralado. É preciso avançar no jogo, mudar, girar repentinamente e testar a nova possibilidade que permita uma posição privilegiada, de onde possa analisar inédita condução da jogada.

Das quadras de basquete para as mais modernas empresas, a conexão é com a carreira.

É sabido que cada geração possui diferentes necessidades de realização. Ao seguir os valores aplicados à época e aliá-los às consequências das decisões e escolhas da geração anterior, independentemente de supostas tendências, o fato é que a valorização da individualidade é uma realidade consolidada para as gerações vindouras.

Os *baby boomers*, filhos do pós-guerra, defendiam paz e amor durante festivais de música pelo mundo. Buscaram carreira sólida e fidelização ao trabalho. A geração X conheceu a AIDS, fragmentou-se em tribos e resistiu às inovações tecnológicas que viu entrar em sua casa. Além, disso, é profissionalmente independente e empreendedora.

Nascida nos anos 80, a geração Y veio com o desejo gritante por inovação e movimento. Estabeleceu um novo padrão: o que vale é a capacidade profissional e não o tempo de trabalho. Buscou o equilíbrio entre satisfação e aprendizado. Já a geração Z, conectada à internet, carrega os "nativos digitais", com perfil imediatista, menos afeito às interações sociais (Ativo, 2012).

Para o mundo corporativo, estas diferenças que representam habilidades, estilos e valores devem ser aproveitadas.

Anteriormente, calculava-se a mudança de geração através da sucessão dos pais. A aceleração do tempo alterou esta medição. O intervalo entre gerações ficou mais curto e promoveu uma sociedade onde mais diferenças convivem simultaneamente.

Propondo a abertura dos olhos e a fuga da ignorância, inspirado pela obra *Admirável Mundo Novo*, de Aldous Huxley, o cantor e compositor Zé Ramalho, em sua aclamada faixa *Admirável Gado Novo*, ativa o senso crítico popular ao tirar debaixo do tapete o falso e sereno comportamento da sociedade que anda em massa, como gado.

Assim como as empresas, pessoas também desejam obter lucro, embora de maneira diferente. Lucrar, para muitas destas pessoas, não é exclusivamente dinheiro. Relaciona-se com propósito, felicidade e realização.

Sem interessar em qual geração pertencemos, portanto, chegou o momento de dizer BASTA!

> *Quando a caminhada gera mais insatisfação do que*
> *prazer, é hora de redefinir a jornada. Quando o que se*
> *vive passa a não fazer mais sentido, é hora de pivotar.*

Chegou o momento de reinventar o trabalho, de buscar satisfação, porque é possível encontrar prazer no ofício. Ninguém precisa ser mobília ou utensílio de empresa, ainda que seja o próprio negócio. Tal como gira o pião, redefinir postura é alimento vital para a sobrevivência e a garantia do crescimento profissional.

Valorizar o conhecimento previamente adquirido e aceitar que sempre há tempo para mudar são sinais de lucidez.

Afastar-se de preconceitos e crenças que limitam, possibilita a expansão da consciência, fundamental para o momento da guinada.

Manter o salário ou status conquistado não representará necessariamente a solidez da carreira. Bem orquestrada, a modificação, esta sim, será uma oportunidade para evoluir. Profissionais mal colocados diminuem drasticamente a capacidade de entrega eficaz e eficiente. Expõem-se, de forma arriscada, às renovações do mercado. Tal vulnerabilidade desestimula a busca por atualização e crescimento, fundamental para a conquista do reconhecimento como fator ativo na sociedade.

Além disso, representada pelas fases da carreira, a aprendizagem contínua é uma das necessidades exigidas pelo cérebro humano, que precisa conhecer e desafiar as próprias habilidades para se sentir feliz e satisfeito ao longo da vida.

Com a performance em baixa, aprovação e reconhecimento ficam cada vez mais distantes. É quando o dinheiro deixa de ser a prioridade profissional e passa a ser uma das últimas razões para permanecer no estado atual.

Outro ponto que gera *não pertencimento* ao ambiente inserido é quando a pessoa não se sente parte do grupo, ou seja, os interesses profissionais são divergentes, os diálogos não fazem mais tanto sentido e as interações se limitam ao estrito cumprimento laboral.

A tomada de consciência demonstra pleno comprometimento com os próprios objetivos de vida. Logo, contrariar o senso comum não é necessariamente falta de foco e talvez seja até mesmo a apuração deste. Aqui falamos sobre o ser humano que está sempre interessado em refinar o paladar, ao contrário daquele que não sabe o que comer e por isso se satisfaz com os sabores artificiais oferecidos no *fast food* mais próximo.

Considerando a social e invisível necessidade de determinar a carreira aos 16 ou 17 anos, como se estivéssemos em um *drive thru* das profissões, pode não ser seguro apegar-se aos motivos que levaram a tal escolha, menos ainda permanecer se alimentando deles para todo o sempre. Com o tempo, percebemos que a cartela de cursos oferecidos nas universidades é apenas a base da vida real, o que faz destas opções referenciais a serem explorados.

> *Com o trabalho a invadir gradativamente o tempo livre das pessoas, existe apenas a certeza de que o alinhamento entre propósito de vida e carreira precisa estar bem claro para que tenhamos próspera existência e troféus constantemente erguidos.*

Há uma razão pela qual amargos desgostos invadem a vida: fantasiar com o mundo ideal, onde esforços não precisam ser aplicados e alegorias premiadas virão em nossa direção pelo simples fato de trabalharmos com o que acreditamos ter vocação.

Pensamentos utópicos precisam ser guardados para fábulas narradas às crianças, fase em que o imaginário, em pleno desenvolvimento, deve ser estimulado.

Contudo, permanecer inerte, com medo de arriscar por crer que a realidade do adulto não é como um conto de fadas (de fato não mesmo) é como pagar pedágio sem utilizar a rodovia. Pagar o preço é inevitável. Permanecendo ou mudando, de alguma maneira, seremos cobrados pela vida.

Somos mais felizes justamente quando a maturidade chega. O desejo de aprimorar as múltiplas inteligências passa a ser o principal motivador para o sucesso.

Durante muito tempo, o teste de QI (quociente de inteligência) foi exclusivamente utilizado para mensurar capacidades cognitivas de forma padronizada. Deixou de ser sucesso quando a combinação entre os quocientes emocional e espiritual, entre outros, foram determinantes para o entendimento da natureza e das necessidades humanas.

O psicólogo americano Howard Gardner (1999) desenvolveu a teoria das inteligências múltiplas, diferenciando as potencialidades de cada ser humano com base na capacidade de resolver problemas. Esclareceu que uma habilidade não é mais importante que outra no aspecto avanço e nem mesmo quem possui uma ou outra mais ampliada demonstra maior inteligência.

Um estudo iniciado em 1983 compilou os sete campos do conhecimento. 16 anos depois, Gardner completou esta lista com mais dois tipos de inteligência:

1. **Inteligência musical:** habilidade de produzir e apreciar manifestações musicais;
2. **Inteligência verbal ou linguística:** sentimento de pulsação, sonorização e significação das palavras;
3. **Inteligência visual e espacial:** habilidade de reconhecer a aparência das imagens, mesmo abstratas, e produzir diante da informação percebida;
4. **Inteligência lógico-matemática:** capacidade de diferenciar padrões lógicos ou numéricos e raciocinar enquanto o faz;
5. **Inteligência interpessoal:** talento de perceber e agir apropriadamente diante dos propósitos, índole, motivação e desejos alheios;
6. **Inteligência corporal ou sinestésica:** aptidão de controlar os movimentos corporais e manusear objetos com destreza;
7. **Inteligência naturalista:** propensão para mapear a natureza, seus respectivos fenômenos, espécies e elementos;
8. **Inteligência intrapessoal:** talento de atingir o autoconhecimento, guiando o comportamento com base em suas forças e fraquezas;
9. **Inteligência existencial:** competência para tocar em sensíveis temas sobre a existência humana, como morte, existência e evolução.

Vale dizer que o estudo não é taxativo. Foi trazido à baila com objetivo representacional, para entendermos as habilidades intelectuais de forma ampla e valiosa, percebendo a complementariedade humana na visão social. Além do que explorar e combinar o potencial das inteligências pode ser um bom caminho para a plenitude.

Sendo assim, definir um propósito no trabalho, guiado para oportunidades de avanço, com remuneração e benefícios maiores, e encontrar equilíbrio entre a vida pessoal e profissional, são objetivos que devem ser incansavelmente perseguidos.

Quando o rumo da carreira é redesenhado, vale lembrar, o sentimento de frustração é trocado pela oportunidade de reutilizar a bagagem e o conhecimento das antigas experiências.

Estar presente, de corpo e alma, para o valor de cada pequena conquista, é um grande incentivo para novas ações. Nesta caminhada, o otimismo é a alavanca da autoconfiança. Atitudes positivas costumam ser incorporadas, auxiliam na definição das estratégias de mudança e possibilitam a elaboração de novas ideias, extremamente importantes para o realinhamento empresarial ou de carreira.

Inclusive, a estratégia de pivotar não é indicada para toda situação. Perceber falhas é indício de que o plano inicial deve ser revisto e modificado, mas não necessariamente que tudo deva ser colocado de lado. Afinal, na prática, mudar o rumo pode levar ao sucesso ou ao fracasso.

Por tudo isso, para garantir a longevidade e a sustentabilidade de uma nova trajetória, é preciso fazer um plano de ação com diferentes prazos, orientado para o propósito estabelecido durante as profundas análises sobre o comportamento individualizado. Pois, além de mudar o Norte, é preciso ter consciência das bases sólidas e aproveitar as conquistas já alcançadas.

Fazendo paralelo com as diversas áreas do conhecimento, podemos adquirir riquíssimos aprendizados. Do planejamento financeiro, aprimorado desde os tempos mais remotos (Lobato, 2012), a administração estratégica evoluiu.

A moderna administração de empresas, assim como da própria vida, demanda o recomendável e importante instrumento do planejamento estratégico.

Nos últimos tempos, para acompanhar a frenética evolução das empresas, o mercado carrega profundas modificações que precisamos harmonizar. A nova ordem social, política e econômica sustenta um complexo e competitivo cenário, segundo o qual devemos estar preparados para atuar com brilhantismo.

Um dos aspectos fundamentais para chegar ao sucesso é a definição precisa do objetivo, bem como do que o permeia. Esta é a base para o planejamento de carreira, ou seja, a fixação do cumprimento de uma série de etapas:

- Análise da conjuntura;
- Estabelecimento de metas;
- Elaboração;
- Execução;
- Controle de estratégias de ação.

A gestão pessoal utiliza definições de estratégia empresarial como referência. Confira estes dois exemplos:

1) Usamos semelhantes diretrizes de organização para a tomada de decisão em cada segmento da vida e seus diversos níveis de prioridade;
2) Determinamos os parâmetros que se deve seguir em curto, médio e longo prazo, visando que ações coerentes sejam perseguidas e alinhadas ao propósito individual.

Estabelecidas as metas de médio e longo prazo, o planejamento estratégico pessoal deve definir diretrizes diárias relacionadas em uma lista de objetivos e respectivo grau de prevalência para cada um deles. Assim, deixamos de lado o fracassado hábito de agir como bombeiro, "apagando incêndio" sem entender a origem do fogo ou gerenciar o tempo gasto nestas atividades.

É preciso se adiantar ao mercado, prever tendências e buscar aliados. Se as questões gerenciais e operacionais forem coordenadas, não há como ficar estagnado, negligenciar pontos estratégicos ou perder o rumo.

A pessoa que não elabora projetos é como poeira ao vento. Move-se ao sabor do acaso, sem saber onde vai parar ou até mesmo se será recolhida e descartada.

Se você quer elaborar um brilhante plano de ação e carrega a premente necessidade de inovar através de mudanças, considere-se pronto(a). O momento ideal surge quando tomamos consciência desta necessidade. Tome as rédeas de sua vida, deixe de agir como a massa e assuma, sem reservas, a autoria da própria história.

Dê os primeiros passos e acesse mentores que possam ajudar. Atingir o sucesso requer cumprimento de elementos fáceis, porém lidar com a definição dos inúmeros pontos e ordená-los pode não ser tão simples.

Charles Darwin afirmou que sobrevivem os mais dispostos à mudança. Eu afirmo que mudei, continuo sempre disposta a mudar e lhe convido a experimentar como é boa a vivência da transformação pessoal e profissional. Porém, sozinhos e sem norte, pode ser muito mais difícil.

Referências

Ativo, N. (2012). YouTube. Fonte: https://www.youtube.com/watch?v=ssI5VXD_X5I

Gardner, H. (1999). *Inteligência: um conceito reformulado*. Rio de Janeiro: Objetiva.

Lobato, D. M. (2012). *Gestão Estratégica*. Rio de Janeiro: Editora FGV.

18

Estou no mundo para ajudar pessoas - *I am here!*

Minha missão é "tocar e transformar positivamente" a vida e a carreira das pessoas. É lançar luz sobre suas sombras para cocriarmos soluções, onde cada pessoa possa descobrir-se em plenitude e transformar-se na sua melhor e mais duradoura versão. Esta missão tem como base os ensinamentos do maior líder de todos os tempos: amor, igualdade, honra e respeito. Não há força contrária que vença esta base!

Janni Silva

Janni Silva

Palestrante, *Coach* Executiva e de Negócios, Treinadora Comportamental, Analista Comportamental (360º e *Assessment*), Analista de Sistemas de Informação, CEO Delta Coaching Desenvolvendo Pessoas e Sócia Fundadora do Rotary Club de Santa Cruz do Capibaribe D 4500; Especialidades: *Leadership Coaching, Business Coaching, Coaching* para Vendas, *Executive Coaching, Team Coaching (Coaching Group)*, Analista de Sistemas de Informação. Certificações Internacionais: Behavioral Coaching Institute – BCI, International Association of Coaching – IAC, European Coaching Association – ECA, Global Coaching Community – GCC. Certificações Nacionais: IBC – Instituto Brasileiro de Coaching e IFT – Instituto de Formação de Treinadores. Minha missão de vida é "tocar e transformar positivamente" a vida e a carreira das pessoas. É lançar luz sobre suas sombras para cocriarmos soluções efetivas, onde cada pessoa possa descobrir-se em plenitude e transformar-se na sua melhor versão, na essência, de forma extraordinária, satisfatória e duradoura. Traço os caminhos desta missão através do *Coaching* e do meu melhor, com base fundamental nos ensinamentos do maior líder de todos os tempos: sem julgamentos, com amor, igualdade, honra e respeito. Eis uma base invencível!

Contatos
www.treinadorescomportamentais.com.br
jannisilva@oi.com.br
(81) 99910-5613 - WhatsApp

Despertar com simplicidade e congruência aos 33 anos deixa fragmentos

No ano de 2008, aos 29 anos, já atuava como coordenadora regional no interior do Nordeste, com ampla possibilidade de ascender ainda mais no setor de tecnologia e implantação de sistemas ERP[1]. Desde então, passaram-se 5 anos de vida profissional e pessoal estabilizadas, confortáveis conscientemente. Mas algo no profundo inconsciente gerava desconforto e constantes questionamentos inconformados:

Será que a vida se resume ao que estou vivendo? O que mais pode ser? Como poderei ser e viver melhor? Como viver mais plena e realizada? Qual é o sentido da minha vida? Além do que já consegui realizar, o que vim fazer neste mundo?

Desde a infância, em Surubim, Pernambuco, fui influenciada pelos pais a ser a "doutora" da família. Assim, assumi um foco durante os estudos de toda a infância e adolescência: cursar medicina na capital e realizar o sonho de meus pais.

O sonho adolescente de morar na Veneza brasileira, Recife, e fazer faculdade de medicina, ficaram em segundo plano quando resolvi, aos 17 anos, apostar pesado, ousar e investir nos próprios sonhos. Desafiando, na época, todo o tradicionalismo da vida segura e pacata do interior, decidi ir em busca da evolução e autoconhecimento através de vivências e experiências que me fizessem sentir viva. Eu queria fazer parte do mundo de forma mais intensa e com mais sentido.

O abandono da primeira zona de conforto

Marchei, repleta de ousadia. Continuei inquirindo-me e lapidando o "eu" por este Brasil.

De 1997 a 2008, fiz um "*looping*" pessoal e profissional por algumas cidades do Brasil e decidi seguir carreira no setor da tecnologia, implantação e treinamento de sistemas. Acreditava que, após algumas experiências tóxicas, lidar com banco de dados era menos complicado do que com pessoas.

---

1 Sistema ERP – composição de uma base de dados que contém módulos integrados entre si

Acreditava que no relacionamento com as "máquinas" os resultados seriam melhores e mais satisfatórios. Na maioria das vezes, para fugir da dor, sempre consegui dar um novo significado e transformar cada resultado não positivo em grande aprendizado. Tive coragem para colocar um fim em relacionamentos tóxicos, pois sentia que, de certa forma, me permitia e até incentivava influências externas a me impedirem de enxergar e exteriorizar a verdadeira luz que sentia dentro de mim, embora sem aceitar e com medo de demonstrar. E, mesmo naquela época, desacreditava ser merecedora de todos os resultados positivos que me foram reservados. Decidi tomar posse de algo tão grandioso que até me assustava, mas fui, mesmo com medo. Regressei ao interior de Pernambuco para concluir a realização do sonho de ser mãe e cumprir importante papel na informatização de uma das maiores empresas da região.

Com a consciência da maternidade, a busca por respostas aumentou ainda mais a intensidade das perguntas anteriores e gerou outras:

Agora que sou mãe, qual é a minha missão neste mundo?

Como mãe e responsável pela educação e formação, o que posso fazer para ser a melhor pessoa possível? Lembrei-me de uma frase que na época do *looping*, minha super *coach*, mãe e mentora, Maria José, dizia:

— Janni, cria juízo.

E eu respondia:

— Quando eu souber o que "juízo come", começo a criar ele.

Foi então que o meu amado filho Bryan Lucas nasceu e tudo se transformou completamente. Foi também quando comecei a saber exatamente o que o "juízo comia" e comecei a criá-lo.

Motivação para mudar e fugir da dor

Em dezembro 2008, de forma trágica, perdi o irmão mais jovem, Camelo Filho. Foi uma terrível experiência que me motivou a melhorar. Através da dor, resolvi fazer diferente e melhor a partir daquele dia. Decidi investir em autodesenvolvimento para melhorar e evoluir mais e mais. Comprometi-me a não mais permitir que alguém saísse de minha presença sem antes sentir-se melhor do que havia entrado.

Em 2013, estabilizada pessoal e profissionalmente, realizada como mãe e ainda mais movida pela dor da perda precoce, continuava a buscar respostas. Após esclarecer ao meu diretor Ivan Quirino sobre a "crise existencial", defini que precisava investir em mim naquele momento e obter maior evolução e elevação como pessoa e profissional. Sou grata pelo apoio e compreensão do Ivan naquele momento tão importante.

O abandono da segunda zona de conforto

Em 2013, fiz a primeira formação em *coaching*, mergulhei intensamente e o adotei como filosofia de vida. Descobri de forma poderosa a minha missão como ser humano e *coach*. Os pontos começaram a se conectar. Apesar de ter optado profissionalmente, lá no início, pela área de tecnologia para fugir do relacionamento e proximidade com pessoas, sempre estive diretamente próxima delas, pois tinha que prospectar, demonstrar, negociar, implantar, realizar treinamentos e suporte nos sistemas ERPs, área em que atuei e ainda atuo eventualmente.

Compreendi também porque "ser *coach*" era a vocação inconsciente. Desde adolescente queria ser psicóloga para compreender a mim e as pessoas ao redor. Assim, pensava, viveria com mais plenitude e melhoraria a vida das pessoas com o uso de todos os meus melhores recursos.

Inconscientemente, sempre tive algo de muito positivo para compartilhar e fazia questão de ajudar, me doar e servir. Algumas pessoas compreendiam a minha forma de atuar na busca por servir. Outras ficavam desconfiadas com a "esmola grande demais" e achavam que por "tanta bondade" algo seria cobrado em troca.

A psicologia da forma que conheci não me atraiu na essência, enquanto que, ao descobrir o universo do *coaching* e a extensa gama de psicólogos, advogados, consultores, empresários, médicos e outros que estavam fazendo a mesma formação, senti que acertei na escolha da profissão por vocação. Descobri a missão de vida e toda aquela busca incessante por respostas começou a ser preenchida.

A roda da abundância em ação

O *coaching*, por ser uma metodologia objetiva, pautada pela junção de diversas técnicas e ciências do comportamento humano, utilizada com resultados comprovados por pessoas de sucesso, de prosperidade pessoal e profissional, trouxe definitivamente, além das respostas para a maioria dos questionamentos, ferramentas eficazes para que pudesse me trabalhar, evoluir e compreender o porquê de determinados comportamentos. De forma extraordinária, clarificou aonde eu poderia melhorar e conduzir outras pessoas aos melhores resultados de suas vidas.

De todos os relacionamentos pessoais e profissionais que vivenciei desde o início do trajeto no autoconhecimento, procuro vivenciar e manter excelentes bagagens junto com aprendizados que, sempre, de uma forma ou de outra, se aplicam para obtenção de resultados evolutivos, individuais ou coletivos.

Os mestres, mentores, gurus e a congruência

Enquanto concluo este primeiro capítulo, tive a honra e o prazer de me conectar, aprender e trocar experiências com pessoas muito especiais e com importância direta no desenvolvimento como pessoa e profissional que sou hoje.

Familiares: meu pais José Camelo e Maria José, irmãos Cleide, Cláudio, Clemildo, Clécio, Claurione, Camelo, Claudy, meu filho Bryan e Vilma.
***Master Coaches, Head Trainers* e Consultores:** Anthenor Bittencourt, José Roberto Marques, Magda de Paula, Massaru Ogata e Edilson Menezes.
Companheiros de Rotary: Carlos César, Alexandre Inojosa, Eduardo Motta e Áurea Xavier.
Gurus da Tecnologia: Gilson Tedesco e Ivan Quirino.

Motivação para mudar e buscar o prazer

Antes tinha sido pela dor. Desta vez, evoluí em busca do prazer de viver bem e ajudar as pessoas a viverem melhor. Defini que investiria um valor específico anualmente em cursos, formações e treinamentos na área de treinamento e desenvolvimento humano, para trazer sempre o melhor que existe e somar ao meu melhor, acrescentar o "meu camarão vermelho" na *paella* para ajudar as pessoas a se descobrirem como poderosas e dotadas de infinito potencial para viver e construir um legado positivo e maravilhoso.

Resultados de curto prazo

Os resultados na vida pessoal e na carreira têm sido excepcionais para as pessoas que se permitem vivenciar o processo evolutivo através dos meus serviços. Assim que concluí a primeira formação em *coaching*, totalmente transformada e conectada a um mentor de vida e companheiro rotariano, Carlos César, abri minha empresa, Delta Coaching Desenvolvendo Pessoas. Meu *coachtório* fica em Santa Cruz do Capibaribe – PE.

Imediatamente, fechei excelentes processos de *coaching* com empresas, pessoas físicas e tudo começou a se transformar poderosamente. Os impactos começaram a surgir de diversas maneiras, emocionais, materiais e espirituais.

Certa vez, um grande empresário chegou deprimido, desmotivado e com péssimos resultados na empresa e na vida pessoal. Depois da quarta sessão de *coaching*, conseguiu encontrar soluções simples, porém importantes para as questões que mais travavam a sua evolução como ser humano, marido, pai e líder. Além de evoluir profissionalmente, de posse de todos os seus recursos, conseguiu resgatar também o casamento e o relacionamento com outros familiares. Este empresário já me contratou para outros processos, me indicou vários clientes e estamos caminhando muito bem. Sabemos que sair da "zona de conforto" exige um pouco mais que o normal. Se realmente quisermos conquistar e manter os sonhos, teremos que "pagar o preço".

Comecei a atender em sessões individuais e fechar processos de *coaching* com grandes empresas da região. Os resultados foram além das expectativas. Em curto prazo, já impactava diretamente na melhoria significativa, no aumento da pessoal e profissional.

Sempre lembro aos empresários e pessoas físicas que me contratam:

— Ao iniciarmos o processo nas empresas, estejam alertas para serem surpreendidos positivamente, pois enxergarão resultados no time nunca antes vistos e tudo fluirá naturalmente. Líderes e liderados vão se alinhando como uma orquestra. Durante o percurso, é possível existir algumas desconstruções, para que a reconstrução seja extraordinária e positiva.

Desenvolvi uma técnica própria, presencial, que tem trazido muitos resultados positivos para pessoas físicas e jurídicas. Os detalhes poderão ser acessados se você me contratar ou, caso não tenha pressa para evoluir, poderá aguardar o próximo livro de minha autoria. Farei questão de compartilhar todos os segredos desta técnica. Aplicada de maneira simples e congruente, traz resultados extraordinários.

Aprendi no IFT XXVI com o mestre Massaru Ogata:

Só podemos abrir uma ferida se nos comprometermos em curá-la e, às vezes, o processo pode ser doloroso, mas, com permissão, suspensão de julgamento, cocriação e gratidão, a cura é certa.

Um alerta aos empresários

O problema real pode ser muito maior do que apenas "falta de motivação da equipe". Todas as empresas me contratam para realizar "treinamentos motivacionais" e "alavancar vendas", "aumentar a lucratividade". Estas são apenas algumas camadas superficiais diante do todo. Há também dois pontos que requerem atenção total e, quando negligenciados, podem gerar resultados trágicos.

- Desenvolvimento adequado da liderança e da equipe;
- Rígido plano de investimento em treinamento.

Ao invés da causa, alguns empresários tratam apenas os efeitos da desmotivação, do baixo rendimento, da queda nas vendas e da baixa lucratividade.

Durante o processo de *coaching* ou treinamento comportamental, acabamos descobrindo que os problemas como *turnover*, desvio de recursos físicos e lógicos, conflitos diversos e demais resultados negativos têm raízes muito mais profundas. Com urgência, devem ser individualmente trabalhados para que a coletividade atinja resultados adequados e superiores ao planejado.

Há ainda quem insista em assumir a postura de chefe mandão e carrasco, ao invés do líder que inspira, motiva e TJ (tá junto) com seu time. Este primeiro já não consegue mais conquistar ou manter o respeito entre os membros da equipe. A comunicação não é assertiva e falta eficiência no lidar "humano" para gerar mais resultados positivos.

Nas empresas, como identificar e sanar conflitos internos

— Janni, antes de você tínhamos contratado várias consultorias, mas o trabalho que fez em nossa empresa foi além do que esperávamos e realmente melhorou bastante os resultados. (MAM)

— Todo mundo está notando a diferença e me pergunta o que fizemos, pois tudo está fluindo em harmonia. As pessoas estão mais felizes e comprometidas. (MJC)

— Temo até indicar os seus serviços para outras empresas, pois assim vai ter pouco tempo para nos atender, mas conhecemos o seu comprometimento e vamos indicar mesmo assim. (MIB)

— Agradecemos e quero já deixar claro que vou renovar contrato com você. (MAI)

— Você me ajudou a enxergar e realizar coisas que eu jamais imaginei conseguir. (MGT)

Estes são alguns gratificantes reconhecimentos que recebo das pessoas físicas e empresários. Quem deseja se estabelecer no lugar mais alto do pódio tem duas opções: treina e desenvolve a si e as pessoas da equipe ou continua infeliz, contratando e demitindo sem encontrar o sentido da vida ou formar uma equipe de sucesso.

Hoje sou empresária, mãe feliz, assumo uma sólida consultoria, atendo e ajudo pessoas físicas e jurídicas a conseguirem prosperidade, abundância pessoal e profissional, despertando-as para a evolução e o sucesso. Se eu prosperei e continuo evoluindo com um estilo próprio desenvolvido a partir de várias metodologias que estudei e continuarei a estudar, imagine o que você vai conquistar e realizar ao me contratar como sua *coach* e *head trainer*. Vamos realizar?

Há um futuro repleto de oportunidades promissoras para quem deseja conhecer a amplitude do *coaching*. Há uma profissional que vai dar tudo de si para que estas pessoas, incluindo você, consigam agarrá-las.

19

Barra de ferro não enverga

Uma breve história sobre amor,
resiliência e negócios

Katia Matos

Katia Matos

É fundadora e diretora da Direciona RH, consultoria de recursos humanos especializada em implantação e reestruturação do RH de pequenas e médias empresas. É *Master Coach* com especialização em *Business and Executive Coaching* e *Personal and Self Coaching*. Realiza atendimentos de *Coaching* em grupo para líderes e empreendedores. *Trainer* Comportamental pelo IFT - Instituto de Formação de Treinadores, é Consultora, Analista Comportamental especializada em Avaliação 360º, certificada pelo Instituto Brasileiro de Coaching (IBC), Behavioral Coaching Institute, International Coaching Council, European Coaching Association, Global Coaching Community, International Association of Coaching, Metaforum International e International Association of Coaching Institutes. Graduada em Gestão de RH, Pós-graduanda em Gestão de RH com Coaching, MBA em Direito do Trabalho para Gestão de Pessoas e Técnica em Segurança do Trabalho.

Contatos
www.direcionarh.com.br
katia.matos@direcionarh.com.br
direcionarhk@gmail.com
(19) 98801-8891

Como assim? Amor, resiliência e negócios? Que mistura louca! — Talvez você tenha pensado. Continue lendo e, ao final, perceberá que tem tudo a ver.

Na formação como treinadora comportamental, iniciei o exercício que leva o nome deste capítulo. Foi um momento de grande reflexão e aprendizado.

O exercício tinha, como base, a confiança. Primeiramente em mim, para vencer todos os medos, e depois na equipe, no mestre Massaru Ogata e em todos os colegas de turma.

Subi a escada onde aconteceria o desafio, para saltar de costas e ser amparada pelas pessoas que estavam lá embaixo, de braços abertos, a esperar. Lembrei-me de todos os momentos da trajetória, das dificuldades que enfrentei e resisti sem envergar.

Sempre fui bastante autoritária e não confiava nas pessoas. Tinha dificuldade para delegar tarefas e, até aquele dia, acreditava que era corajosa, congruente e justa.

Durante a trajetória em recursos humanos, pude vivenciar as mesmas dificuldades que muitos empreendedores enfrentam na direção de seus negócios.

Empresas nasceram do sonho de grandes empreendedores e muitas vezes também eles se viram perdidos, com a dúvida cruel de desistir ou continuar na luta sem envergar. Farei um paralelo entre as etapas do exercício, uma vivência pessoal e os problemas vividos nas pequenas e médias empresas, as quais consegui ajudar através de meu trabalho como *Coach* de líderes e empreendedores. Meu convite é que leia este capítulo de coração aberto, sem julgamentos, para conhecer algo novo, diferente, poderoso e, ao mesmo tempo, muito simples.

Toc Toc: a crise bateu em minha porta

Quando comecei a escrever este artigo, fiz uma reunião com o querido amigo e consultor literário Edilson Menezes. Estava bem claro que escreveria sobre as vitórias e as batalhas que precisei enfrentar para chegar até aqui.

Porém, neste tempo passei por uma crise muito grande no casamento. Prestes a passar por uma separação, deprimida, sofrendo muito, parei

Katia Matos | 157

de escrever o texto. Não havia congruência. *Depois de estudar tanto sobre as técnicas de coaching, como uma treinadora comportamental não conseguia salvar o próprio casamento? —* Pensava.

Eu sou casada há quase 25 anos. Tenho três filhos, uma neta e sempre fui apaixonada pelo marido, com quem comecei a namorar aos 15 anos. Tentei imaginar o futuro sem ele. Procurei fazer planos, mas sentia que não seria feliz em nenhum deles. Ele deu tudo que eu tenho de mais importante na vida: a família. Então, como poderíamos não querer o bem um do outro? Como chegamos àquele ponto da crise conjugal e o que eu poderia fazer para mudar o cenário? Estava em minhas mãos, mas não seria nada fácil.

Então, mudei o texto e falarei sobre o dia no qual duas decisões mudaram a minha vida:

1) Decidi ser feliz;
2) Parei de colocar a culpa do fracasso no casamento em meu marido, no trabalho, no dinheiro ou na falta dele.

É preciso encarar o problema

Entendi que se quisermos mudar algo ruim, que nos faz mal, precisamos passar por uma avaliação interior para saber quem realmente somos e o que nos motiva.

Acredito verdadeiramente que ao se permitir a olhar para dentro de si, fará descobertas que jamais poderia imaginar. E, a partir deste momento você, como aconteceu comigo, passará a ser protagonista da própria história. Muitas vezes, cometemos os mesmos erros e vivemos um círculo vicioso de quedas, subidas, tristezas e alegrias.

Quando nos deparamos com um problema, uma situação de crise, é sempre mais fácil fugir do que encarar e corrigir. Eu estava pronta para mais uma vez fugir e não enfrentar.

Será que isso somente aconteceu comigo?

Quantas vezes você decidiu fugir de um problema, abandonou um sonho ou projeto sem ter dado o seu melhor?

Depois de um tempo, você pensa que poderia ter feito algo diferente e usa a famosa expressão "e se".

Caso esteja enfrentando uma crise hoje, conjugal, empresarial, profissional ou em qualquer área, faça algumas perguntas diante do espelho, que nunca mente. Olhe-se bem e pergunte:

Dei o meu melhor?

158 | Estratégias de Alto Impacto

Esgotei todas as possibilidades?

Qual foi o meu papel nesta crise?

Se decidir dar o meu melhor, posso virar este jogo?

Quando fiz estas perguntas me olhando no espelho, enverguei.

Na primeira pergunta, comecei a chorar. Eu sequer tentara dar o melhor, não havia esgotado nenhuma possibilidade e meu papel tinha sido de acusadora, cobradora, com o dedo apontado para os erros dele. Neste dia, realmente enverguei e, mesmo me sentindo culpada, foi a melhor coisa que poderia acontecer. Era hora de aprender com os erros e me tornar uma pessoa melhor.

Convido você a refletir sobre as palavras de Fernando Pessoa.

"Há um tempo em que é preciso abandonar as roupas usadas, que já têm a forma do nosso corpo e esquecer os caminhos, que nos levam sempre aos mesmos lugares. É tempo da travessia: e, se não ousarmos fazê-la, teremos ficado, para sempre, à margem de nós mesmos".

O reencontro e as crenças limitantes

Muitos especialistas defendem que as crenças surgem na primeira infância, por volta dos 7 anos, e alguns acontecimentos ao longo da vida podem modificá-las, sejam negativas ou positivas, mas algumas continuam vivas dentro de nós com a mesma emoção e significado de quando foram criadas. Em geral, não temos conhecimento destas crenças, apenas guiamos e seguimos a vida de acordo com o que acreditamos como verdade absoluta.

Venho de uma família grande, composta por 11 irmãos. Meu pai era alcoólico e violento. Minha mãe nunca soube ler e escrever, mas isso não a impediu de ser maravilhosa, dona de um coração enorme. Tudo que conheço sobre amor, perdão, abnegação e dedicação à família, aprendi com ela e também foi com ela que aprendi a maior crença limitadora de minha vida. Uma crença forte, embora nem sempre limitadora. Assisti toda a violência que minha mãe sofria e, desde muito pequena, já sonhava em estudar, ter boa profissão e não parar nunca. Minha grande crença era:

Não posso depender de ninguém.

O lado positivo me fez ir à luta e correr atrás dos objetivos. O lado negativo era principalmente não depender de homem algum. E assim foi o casamento durante estes 24 anos, trabalhando bastante, sem admitir a necessidade de dar satisfação ao marido sobre meu dinheiro, meus planos, nada.

Eu sentia a necessidade de estar sempre no comando e, quando não conseguia, as brigas eram intermináveis. Não permitia que o marido fizesse o papel dele no casamento e isso lhe trouxe frustração.

Tomar conhecimento de quais são as suas crenças é o primeiro passo para uma vida plena e feliz.

E você consegue pensar em algo que acredita e não abre mão?

É uma crença positiva ou negativa?

O que ela oferece de bom?

O que você perde com esta crença?

E nos negócios? Quais as crenças do momento? É uma crença verdadeira? Quando algo começa a dar errado como enfrenta a situação?

Consegue fazer uma análise sobre a sua atuação e sobre o que te limita?

Não é algo simples, mas é possível e válido analisar se temos sido limitados por algo que acreditamos. O mais importante é não sentir culpa por nada. Tome conhecimento, pegue as lições e siga. Dedique-se com compreensão e muito amor. Cada pessoa, inclusive você, é capaz de se libertar de tudo que prejudica e ainda pode transformar situações nocivas em aprendizado.

O enfrentamento dos medos, mais que uma necessidade: uma escolha

Permitimos que sentimentos como medo e raiva nos paralisem e prejudiquem por muito tempo e por dentro. Então, toda mudança começa de dentro para fora. Consegui entender os meus medos e defini que para ter uma vida plena, feliz, precisava enfrentá-los. O maior deles era uma conversa com o marido. Eu sabia o que enfrentaria e tinha muito medo do rumo que tomaria. Pela primeira vez comecei a DR de maneira diferente, abrindo o coração e fazendo com que ele entendesse que eu tentava salvar nosso casamento. Foram várias conversas duras, com muito choro e muita emoção, mas o resultado era promissor. A cada dia eu tinha ainda mais certeza de quanto nos amávamos.

E você tem coragem para lidar com os medos?

Quais são eles?

Uma conversa com o marido, amigo, filho, sócio, fornecedor?

Se você enfrentar a situação, que benefício terá?

E quão disposto(a) está para enfrentar os medos e alcançar os seus objetivos?

Se o seu desejo é que alguma situação mude e algo aconteça, elimine primeiramente os seus julgamentos, crenças e o medo da crítica. Agora que você já pensou sobre quais são os seus medos, reflita acerca de algo que precisa como ferramenta para enfrentá-lo. Exemplo:

Ter mais conhecimento sobre um determinado cargo antes de se candidatar.
Conhecer mais do processo antes de assumi-lo.
Pesquisar o cliente antes de visitá-lo.

Quanto mais souber detalhes da situação que gera medo, mais fácil será o enfrentamento. Eu enfrentei o maior medo e já estou colhendo os benefícios, mas nada é muito simples. A decisão e a ação podem trazer surpresas e você precisará de muita coragem para enfrentá-las.

Durante minha trajetória, alcancei importante cargo com bom salário. Depois, abri mão desta estabilidade para fundar a própria consultoria de recursos humanos. Profissionalmente, cresci muito mais que o marido e como todos sabem, isso pode gerar problemas nas relações.

Ano 2012. Depois de um surto causado por estresse que me manteve internada por 15 dias e afastada do trabalho por 60, fiz a primeira formação em *coaching*. Decidi que queria mudar o ritmo de vida. Naquele instante, os conflitos aumentaram mais ainda e uma frase dele, muito dura, ficou marcada:

— Você quer voar, eu não.

Por alguns anos ignorei esta frase e fomos nos afastando cada vez mais. Ele vivia sua rotina e eu, a cada dia, desenvolvia mais projetos, cursos, formações e novidades.

Fomos para caminhos opostos. Entretanto, nem mesmo todo o reconhecimento profissional que tinha (e tenho) me faziam feliz. Foi então que ouvi a mesma frase, agora dita de uma forma mais clara.

— Eu não tenho mais sonhos. Não quero crescer, estamos em mundos diferentes.

O que o amor faria agora?

Diante de uma frase desta, o caminho mais fácil era a separação.

— *Ok. Você não quer me acompanhar, então vou embora* — bastaria dizer. Mas não foi isso que fiz. Decidi ouvir aquela frase na essência e o que ela dizia tinha outro significado.

— *Não acredito que eu consiga te alcançar!*

Esta frase me fez refletir sobre todo o casamento. Pensei nas ocasiões em que não o apoiei num projeto, nas circunstâncias em que eu já dizia, de cara, que não daria certo e em várias situações onde agi movida pela raiva do momento. Eu julgava, apontava e fazia questão de dizer que o meu salário era mais alto, além de todas as frases horríveis que o ser humano acaba disparando quando está descontrolado e magoado. Foi então que decidi salvar o casamento.

— Tudo bem. Eu não quero nada que me leve para longe de você. Podemos recomeçar juntos.

A partir deste dia, ele me olha diferente e estamos nos descobrindo. Não foi preciso parar com os projetos, mas os adequei em formato e dimensão porque para mim o maior valor é a família. O marido continua me apoiando, mas agora faço questão que faça parte de tudo e ele fica feliz com isso. Nenhum sucesso fará sentido se as pessoas mais preciosas, como marido, filhos e neta não estiverem ao meu lado.

Quais são os seus tesouros? O que faz sentido para você? Exatamente para onde deseja ir? Qual é o seu legado? Como será lembrado(a) após a sua partida?

Nos seus negócios, na sua empresa, os objetivos estão claros e divididos com toda a equipe? Todos estão indo para o mesmo caminho? O meu maior erro, neste tempo todo, foi fazer planos sozinha, sem dividir detalhes com a pessoa que escolhi para ser o pai dos meus filhos.

Os seus objetivos e o lugar onde pretende chegar devem ser divididos com as pessoas mais importantes, seja na empresa ou em casa. Se não o fizer, você pode não conseguir e ainda que consiga, talvez não faça sentido algum.

Todo este processo de aprendizado contínuo e evolução pessoal permitiu encontrar algo que vinha buscando há muito tempo como profissional *coach* e treinadora: congruência. Agora sim, como uma barra de ferro que não enverga, posso gritar bem alto a frase que costumamos dizer antes de saltar da escada-desafio, aquela sobre a qual comentei no início deste capítulo:

— EU ESTOU PRONTAAAAAAA!

Do fundo do coração, desejo que consiga encontrar equilíbrio entre todas as áreas para ter uma vida plena e feliz. Enfrente os medos, quebre crenças limitantes e encontre novas crenças fortalecedoras. Coloque o amor à frente de tudo que fizer e com certeza, você vai chegar lá!

Usualmente, na vida dos bem-sucedidos, "a virada" ocorreu em um momento de crise, durante o qual foram apresentados a seu "outro eu".
Napoleon Hill

20

Elo único: um novo conceito para unir e motivar pessoas

Em nosso DNA está impresso o histórico de desafios superados por uma atuação que é forte porque seu alicerce é trino: amar, trabalhar e servir. Temos uma bússola corporativa: promover alta performance entre os elos que compõem a empresa, até que se tornem apenas um. Nosso sonho já se realizou e, para retribuir, hoje ajudamos pessoas e corporações a realizarem os seus

Lia Borges

Lia Borges

É pedagoga, psicóloga e treinadora comportamental formada pelo IFT. Fundadora e presidente da Elo Único Desenvolvimento Humano, inovou o conceito de educação empresarial com o olhar de amplitude direcionado para as constituições biológica, psicológica, social e espiritual. Seu método gerou um grande *case* na indústria alimentícia e outros mercados passaram a adotá-lo. Soma mais de uma década dedicada à gestão de pessoas por competência, área em que atua como consultora, fortalecendo equipes com treino emocional e técnico. Além da avaliação psicológica, seus conhecimentos em PNL complementam a conquista do bem-estar organizacional. Utiliza técnicas e exercícios de alto impacto em grupos heterogêneos durante processos seletivos, avaliativos e treinamentos. Os resultados promissores destas ações garantem uma empresa sólida, composta por pessoas que apreciam estarem ali e unidas porque se veem e identificam como apenas um grande e robusto elo.

Contatos
www.elounico.com.br
lia@elounico.com.br
Tim: (85) 99965-6996
Oi: (85) 98872-6680

Olhar para o nosso semelhante como olhamos para nós pode ser a maior riqueza das relações.

Um sonho pode nascer grande e intangível, mas assim que traçamos a busca, é saudável demandar atitudes e gerar chances reais para realizar. A *Elo Único* surgiu das experiências e conhecimentos adquiridos por mais de 20 anos no mundo empresarial, agregados ao saber técnico. Com o mesmo impacto, treinamos nossa equipe através de vivências que impulsionam atitudes assertivas. Ou seja, aquilo que ensinamos na empresa, vivenciamos na pele. O nome disso é congruência.

Nenhum sonho tem começo ou fim. São todos reflexos de energias que guiam os passos e unidos ao poder do amor, chegam à realização. O próprio nome *Elo Único*, como inspiração, foi apadrinhado por escolhas positivas de um grupo participativo.

O prazer de existir e acrescentar ao mundo é uma partilha dinâmica, sustentada por histórias que devem ser apreciadas com os sabores da vida. Em nossa trajetória, observo e aprecio cada aprendizado: amargo, doce, apimentado ou salgado. É a receita única que nos permite apresentar o passado e feliz, tenho o prazer de recordar uma jornada, compartilhando-a com vocês.

A impressão digital da profissão

Durante algum tempo, uma pergunta esteve presente:
O que fundamenta a minha atuação profissional?
Cresci no meio empresarial. Filha de grande empreendedora, desde tenra idade vivenciei os bastidores das relações que regem empregado e empregador. Lembro-me de ter presenciado minha mãe dirigindo um táxi de sua frota, entre outras cenas, transmitindo determinação e criatividade, sempre futurista nas escolhas.

Ilka Borges Gomes de Matos, um exemplo de percurso a ser seguido. Incansável na luta, esta guerreira partilhava o sucesso e isso fez de minha infância um berço empreendedor. Cresci presenciando os sentimentos de raiva e gratidão que existem nas relações entre empregado e empregador. O nome disso é respeito pela grande escola que a vida me ofereceu.

A oportunidade de coexistir neste mundo rico de aprendizados provocou curiosidade acerca de tudo que compõe as relações humanas. Durante as graduações em pedagogia e psicologia, outros saberes surgiram no caminho: salas de aula, clínicas, hospitais e treinamentos alternativos. Contudo, o universo já apontava: minha paixão profissional era compreender, intervir e transformar os ambientes organizacionais em prazeroso espaço para a vida das pessoas.

Dentro desta perspectiva, tenho solidificado a carreira e oferecido o melhor às relações produtivas, procurando novas respostas para perguntas insistentes:

Como conquistar respeito na atuação profissional diante de um mercado tão recente para psicólogos empreendedores?

Como atender as necessidades financeiras da empresa e destacar a saúde (bem-estar) das pessoas, ou seja, promover e manter um contexto saudável?

Como realizar o sonho de intervir com qualidade, levando humanização organizacional para o maior número possível de colaboradores?

A grande lacuna corporativa é compreender e valorizar verdadeiramente as pessoas.

As empresas sobreviventes na era da informação e tecnologia conseguem perceber o valor das pessoas, porém falham na forma de cuidar e autorizá-las como preciosas.

A experiência apontava: nas empresas havia o apreço pelas pessoas. Por outro lado, faltava conhecimento, atitudes promotoras e mantenedoras de ambiente saudável que levasse em consideração todos os fatores biológicos, psicossociais e espirituais que nos constituem.

BGM, uma jornada preciosa

A gestão de pessoas por competência tornou-se uma grande meta para organizações que buscam o caminho da prosperidade. Ao mesmo tempo, para muitos, ainda é algo utópico.

Antes de me lançar em consultoria de gestão, aprendi a lição de casa que empreendedores comprometidos devem aprender. A experiência já ultrapassou uma década na BGM Alimentos, indústria de massas congeladas. Sua direção é composta por familiares: mãe, dois irmãos e eu. Os ideais e valores, por muitos momentos, são diferentes, mas acabamos juntos através do respeito e confiança, conquistando realizações e promovendo a prosperidade contínua.

Como gestora de DP e RH na BGM durante todo este tempo, posso afirmar: não é fácil ser um dos proprietários e assumir preocupação com folha de pagamento, seleção, contratação, treino e motivação. O aprendizado sobre como gerenciar requer seriedade, compromisso, cuidados especiais, olhar único e servidão diária.

Na BGM, encontrei resistência para aprovar investimentos voltados aos processos humanos, em especial com os treinamentos comportamentais. Filha do meio e mulher, muitas vezes o olhar de cuidado e comando reinava nas ações de meus irmãos. Ocupo uma função de equilíbrio, mas o conflito de funções atrapalhava e às vezes, sentia-me desvalorizada profissionalmente. Enquanto isso, se em determinado mês os resultados eram ruins, quem era penalizada? A empresa, financeira e energeticamente. A inquietude me mobilizava na busca por novos recursos e soluções positivas.

A atitude e o insubstituível ensinamento de mãe foram fundamentais para construir, aos poucos, a valorização da empresa frente aos cuidados com as pessoas. Procurei conhecimentos que sustentassem meus argumentos e os resultados das ações realizadas pelo RH foram mostrando a importância de se investir nos colaboradores além dos processos sistemáticos de produção e venda, dos treinamentos técnicos e do mero reconhecimento financeiro.

Olhar para as pessoas em sua totalidade foi o grande passo e resultados foram chegando: queda do nível de absenteísmo, diminuição de atestados médicos, redução de *turnover* e crescimento produtivo. O destaque da BGM passou a ser o elo da qualidade de produtos e serviços entregues pelos colaboradores.

As atitudes corriqueiras do RH sempre eram cumpridas. Faltava estabelecer uma harmonia organizacional que correspondesse à demanda crescente. Percebíamos a necessidade de buscar alternativas e provocar mudanças internas nas pessoas. Os treinamentos técnicos e psicoeducacionais, sustentados por pedagogia e psicologia, começaram a ser insuficientes.

Necessitávamos de algo relacionado à velocidade, praticidade e eficiência. Existia uma carência nas atividades praticadas por pessoas com baixo nível de escolaridade, mas nossa busca estava além e era sustentada por instrumentos universais, de ser humano para ser humano, sem distinção e que contribuísse no desenvolvimento da inteligência emocional.

Acreditamos que nossa maior riqueza é sermos capazes de usar a empatia e edificar relações saudáveis, geradoras de bons resultados em todas as esferas da vida, especialmente a profissional. No caso da BGM e de nossos clientes, o grande gargalo era trabalhar com auxiliares de produção, balconistas, promotores de venda, vendedores, técnicos e gerentes. Todos precisavam estar juntos, de forma rápida, eficiente e harmônica. Precisávamos de ferramentas que ampliassem a *performance* motivacional sem exceção. Era um imenso desafio.

Com a identidade profissional formada, o próximo passo foi mudar duas crenças:

1) Pagar por treinamentos comportamentais é despesa;
2) Auxiliares de produção são incapazes de entrar no processo de transformação. Acreditávamos que motivar as pessoas do chão de fábrica era algo ilusório, que válido mesmo era aumento de salário e investimento em maquinário.

IFT, o grande divisor de águas

Esta demanda de desenvolver as pessoas com nobreza, sem distinção ou restrição, levou-me a procurar informação sobre como treinar colaboradores para obter alta *performance*. Apoiada por Edilson Menezes, grande amigo e profissional espetacular, vivenciei a Conexão Alpha e o IFT, ministrados pelo admirável mestre Massaru Ogata. Durante as experiências, padrões foram quebrados e a minha motivação foi ao ápice.

Sentia-me pronta para continuar o sonho sem pestanejar. Vivenciei técnicas que ativaram recursos internos e permitiram avaliar a vida como um fenômeno sensacional. Encontrei instrumentos universais e aplicáveis em grupos heterogêneos, combatendo crenças subjetivamente limitantes que impedem a excelência de aflorar.

Formada como treinadora, sentia-me pronta para transformar a vida das pessoas, seguindo o mestre Massaru Ogata, que diz:

"Nós treinadores devemos seguir carreira desprovidos de ego exacerbado, providos de conteúdo cognitivo, amando o trabalho como missão de vida e tendo a convicção infalível que nascemos para fazer a diferença."

Nasceu a certeza de que podemos desenvolver recursos internos nas pessoas dentro das organizações e encontrei as ferramentas que faltavam para potencializar as habilidades de cada pessoa. Agora, sim, como costumo dizer, "arrepiou" e quando arrepia, é sucesso!

A junção entre acompanhamento de processos, condições de trabalho e intervenções voltadas ao equilíbrio emocional com atividades impactantes contribuíram para a BGM triplicar o número de colaboradores e aumentar os resultados.

Após cada treinamento realizado, melhores respostas surgiam. Víamos o olhar cheio de brilho e vida em cada pessoa, as feições de felicidade e muitos resgatavam até o prazer de viver, de serem produtivos e reconhecerem a responsabilidade pela vida.

O treinamento gerou o processo de autenticidade da existência una.

Era comum ouvir: "nem queria ficar no treinamento e agora saio grato por vivê-lo, vejo que não perdi tempo e ganhei mais vida".

Isso não tem medida ou preço. É inesquecível e transformador ver caírem por terra as crenças que paralisam nossos preciosos colaboradores. A empresa passou a ser reconhecida pelo serviço de qualidade com seu recurso humano. Atualmente, somos referência nordestina no segmento de massas alimentícias congeladas.

Elo Único, um sonho que vai compor muitos outros

Com os novos resultados, colocamos em prática uma relação menos processual e mais estratégica. Assumimos um olhar de fora, mais aguçado, validando a prestação de serviço, a liderança dissociada da BGM e seus clientes, proporcionando serviço de seleção dinâmica, consultoria e treinamento.

Eu ainda precisava responder sobre como intervir nas empresas com qualidade e levar humanização organizacional. A resposta não tardou:

Senti que o *case* gerado na BGM merecia migrar para outras empresas. Então, empreendi, formei uma equipe e estruturamos uma nova empresa para prestar consultoria e dividir os segredos da gestão de pessoas: nasceu a *Elo Único Desenvolvimento Humano*.

Fruto do sonho construído por uma história de desafios, sustentado pelo resgate da afetividade nas empresas, pela crença no prazer do trabalho e no treinamento técnico junto com o motivacional, passamos a promover eventos que despertam a alta *performance*.

O empreendedorismo, então, exigiu outra resposta:

Por que contratar os serviços de RH se a empresa já tem um setor interno sobre o tema? E que diferencial a Elo Único preencheria?

Na prática, muitos profissionais incorporam a realidade processual de selecionar, contratar, avaliar, demitir e treinar tecnicamente até a exaustão. Focam nas funções estabelecidas e esquecem ou não têm tempo para gerenciar equipes formadas pelos colaboradores. Como resultante, deixam de lado as pessoas.

O RH corporativo é consumido pela cultura organizacional. Protocolos são cumpridos sem reflexão ou atuação sobre as causas do desconforto. Já sabemos o resultado disso: prejuízo, alto índice de atestados, *turnover* e absenteísmo.

Esta é a proposta da Elo Único: atuar como um cérebro dissociado das empresas, enquanto o coração do RH interno pode pulsar por outros resultados.

É preciso promover ações mais incisivas para prevenção de saúde e a *Elo Único* acrescenta um olhar diferenciado, uma visão de águia para tirar o RH e os colaboradores da zona de conforto.

Por que não nos reconhecemos como consultores de RH e sim promotores de desenvolvimento humano?

Vivemos um momento de transição nas relações empregado x empregador e profissional x pessoal. Os processos fragmentados estão em decadência, as funções, horários fixos e definidos com rigidez não atendem à necessidade do mercado.

A qualidade do trabalho fica comprometida quando vista como uma obrigação ou mero meio de troca pela satisfação das necessidades e sonhos.

O momento é de transformação, de edificar contextos da partilha e resgatar a totalidade, investindo em conhecimento e satisfação pessoal na mesma escala. A própria profissão vivida como sonho ganha novo e prazeroso sentido.

Utilizamos métodos propícios para inspirar, expandir habilidades, resgatar crenças promissoras que garantem o sucesso pessoal e profissional de forma integrada.

Somos partes de um todo, representados por elos que unem e despertam o respeito, movidos pela paixão de desenvolver e motivar as pessoas em suas mais profundas capacidades, fazendo-as **sonhar**, **acreditar** e **realizar**.

Se você, assim como nós, acredita que a solidez de uma empresa se constrói quando nos tornamos partes do mesmo *elo único*, faça contato. Será uma honra apresentar este conceito com mais detalhes, treinar e transformar as pessoas que colaboram para o seu sucesso!

Sem treino, vamos lamentar a vida. Ou vamos ao treino, sem lamento!

21

A vida em plenitude e gratidão

Certa vez, disse Dalai Lama:

"Só existem dois dias no ano que nada pode ser feito. Um se chama ontem e o outro se chama amanhã, portanto hoje é o dia certo para amar, acreditar, fazer e principalmente viver."

Este artigo apresenta reflexões e ensinamentos através de uma leitura leve, metafórica e dotada de um propósito grandioso: viver *"aqui e agora"* em plenitude e gratidão

Lourenço Kefalás Barbosa

Lourenço Kefalás Barbosa

CRT 49099. É empresário do Instituto Gratus de Desenvolvimento Humano e Empresarial. Atua como *Coach*, *Trainer*, Terapeuta, Palestrante e Assessoria em Gestão Empresarial. Graduado em Administração de Empresas pela PUC-SP com pós em *Certificate in Business Administration* (CBA) pelo Insper. Especializou-se em *Coaching* com PNL - certificação Internacional *Coach*, ICI e membro credenciado ICI. Certificação internacional em *Presence Coach* por Richard Moss e Robert Dilts. *Practitioner* em PNL pela SBPNL. Certificado em *Professional Therapy* por Jeffrey Zeig Ph.D. com formação em Hipnose Clássica. Treinador Comportamental pelo IFT e membro da equipe do Prof. Massaru Ogata. Professor universitário de MBA e pós-graduação, com 11 anos de experiência em Gestão Empresarial, atuando em empresas de consultoria, como gestor executivo no grupo Blue Tree Hotels e em negócios próprios nos ramos de consultoria e entretenimento.

Contatos
www.gratus.com.br
lourenco@gratus.com.br

Uma velha história, e há quem afirme que é milenar, diz que um jovem rapaz caminhava nos arredores de sua aldeia à procura de um conselheiro sábio. Depois de muitos dias caminhando, finalmente o encontrou, sentado, em contato com a natureza, apreciando aquele momento único. O jovem se aproximou. Foi acolhido e convidado a sentar-se ao lado do sábio. Aproveitando a boa atmosfera, o rapaz abriu o coração. Enquanto falava, fechava os ombros, inclinava ligeiramente a coluna para frente e levava a cabeça contra o peito, em evidente desconsolo.

— Mestre, os dias passam e carrego comigo uma sensação de vazio. Meus dias são agitados. Trabalho intensamente. Meu tempo está preenchido. Tenho o reconhecimento das pessoas. Tenho os bens que preciso, mas não sinto o tempo passar. Só reconheço a sua presença no desgaste do meu corpo. Até mesmo a comida tem sempre o mesmo sabor. Esforço-me tanto e pareço estar no mesmo lugar, sentindo o mesmo vazio. Ando cansado. Já não sei se vivo a vida ou se simplesmente vivo por ter vida. Tudo parece complexo. Tenho tanta coisa e ao mesmo tempo tenho a sensação de nada ter.

Um silêncio se fez. O sábio delicadamente ergueu a cabeça do jovem rapaz, olhou em seus olhos com ternura e compaixão, seguiu o olhar para o lindo horizonte e disse em tom sereno:

— Filho, olhe para esse lindo horizonte. Sabemos onde estamos e como é a vida até onde os nossos olhos limitados conseguem ver. Não vemos o fim e para nós pouco importa. Olhe para trás. Veja o que percorreu para chegar até aqui e sentar-se ao meu lado. Pergunto, meu jovem, como foi este caminho? O que vistes? Quais dificuldades superastes?

— Mestre, eu estava focado em te encontrar e só tinha isso em mente. Não me recordo quanto tempo caminhei ou das situações que passei. Estava preso em meus pensamentos. Recorre-me apenas a lembrança de ter visto, quando não mais imaginava encontrá-lo, um pequeno pedaço de sua veste preso a um galho, o que me fez seguir nessa direção.

Lourenço Kefalás Barbosa | 173

O sábio tirou umas ervas de sua túnica, esfregou-as nas próprias mãos, colocou-as em uma caneca, acrescentou um pouco de água, ofereceu a bebida ao jovem e disse:

— Tome este chá, meu filho. Se sentires uma leve sonolência, permita-te fechar os olhos e saborear uma linda viagem ao inconsciente, onde se armazena todo o caminho que fizestes para chegar até aqui. Enxergarás com os olhos da alma e verás o mundo como nunca antes.

O rapaz seguiu as orientações do sábio, tomou o chá e logo começou a sentir os efeitos. Fechou os olhos, agora pesados e viu-se a percorrer todo o caminho de ida. Desta vez contemplava o que jamais imaginava ver. Aos poucos foi despertando e trouxe consigo um semblante misto de surpresa, espanto, alegria e felicidade.

— E agora, podes me dizer como era o caminho que percorrestes até aqui? O que vistes? Quais dificuldades superastes?

Em tom sereno, o jovem rapaz então relatou.

— Mestre, ao sair da aldeia, segui por uma pequena trilha que se abria na floresta. Havia muitas árvores grandes e frondosas, pequenos arbustos e lindas flores que brilhavam. Pude sentir o chão enlameado, coberto por folhas e galhos mortos que se decompunham e serviam de nutrientes para novas vidas que brotavam. Enfrentei árvores espinhosas que tentavam impedir meu avanço. Tropecei em uma pequena pedra para a qual não tinha dado importância. Senti os raios de sol tocarem minha pele e aquecerem meu corpo. Notei a presença do ar entrando pelos pulmões e, à medida que se transformava em energia e essa em movimento, pequenas gotas de suor escorriam por meu corpo. Pisei em algumas formigas antes de esbarrar em um belo formigueiro e pude observar como trabalham e as riquezas que aquelas pequenas criaturas construíam. Alguns pássaros voavam, outros cantavam e pareciam se divertir. Bem ao longe, vi o mestre olhando em minha direção, cortando um pedaço de sua veste, prendendo-a a um galho para que eu pudesse notar ao passar por ali. Finalmente o encontrei, sentado, como se estivesse a me esperar.

O sábio, quase sussurrando, complementou...

— Podes observar a riqueza de detalhes de tua vida, as maravilhas que nela existem, a quantidade de seres que habitam em teu mundo, pois na natureza a vida se renova com as perdas. A trilha que percorremos na vida prevê flores e espinhos. Tropeçamos em pequenos obstáculos e, ce-

174 | Estratégias de Alto Impacto

gos, os contemplamos como se fossem verdadeiras montanhas. As luzes que caem do céu iluminam nosso caminho, esquentam a alma e o ar que respiramos é a própria vida em movimento. Deixamos gotas de suor e transpomos barreiras para bebermos a límpida água da conquista. Os pequenos seres nos lembram que também somos pequenos. Nada nesta vida é por acaso, tudo tem uma razão de ser. Ouça as melodias e sons do teu mundo, permita-se voar, dançar e se divertir como pássaros no céu. Sinta quanta vida há dentro de você e quanta ainda há para se viver nesse horizonte imenso e cheio de vida que nossos olhos sequer conseguem ver o fim. Lembre-se, meu rapaz, não podemos mudar o passado, mas podemos mudar o futuro através das escolhas que fazemos no presente.

Dizem que aquela tarde se tornou especial para o jovem que preencheu a sua alma com o nobre sentimento de amor e passou a viver com plenitude e gratidão.

Milton H. Erickson, pai da hipnose Ericksoniana ou moderna, dividia a mente em consciente e inconsciente. A porção consciente é a que pensa, racionaliza, julga e toma decisão. A inconsciente, a mente sábia, um reservatório de todas as experiências, potencialidades não racionais e ilimitadas. Ele dizia que as histórias e metáforas são meios indiretos de falar a língua do inconsciente e, dessa forma, as pessoas guardam e absorvem com mais facilidade que as conversas e interpretações lógicas.

Lendo esta metáfora, o que foi acessado por seu inconsciente? Como ela se aplica a sua vida pessoal e profissional? Quais são os aprendizados? O que você já pode fazer de diferente hoje? Como seria viver com plenitude e gratidão?

E que tal sair do campo da imaginação e materializar, transpondo para um papel os aprendizados e os primeiros passos? Não se acanhe. Invista esses minutos em você e permita-se tomar nota do aprendizado. Faça um mini-plano de ação. Defina datas para cada tarefa. Evite termos como amanhã ou segunda-feira. Nosso cérebro entende que há sempre um novo amanhã e várias segundas-feiras. Detalhe o dia, mês, ano, local e dê o primeiro passo.

Certa vez, perguntaram ao Dalai Lama como fez para andar 2000 km. Ele respondeu que bastou dar o primeiro passo e os outros vieram a seguir, um depois do outro.

Assim é a nossa vida. Temos "x" quilômetros a percorrer e nenhum poder de acelerar o tempo e ou voltar nele. O tempo é constante e igual para todos.

Passamos boa parte da vida com nossos pensamentos flutuando entre os eixos passado e futuro. A posição do passado é composta por histórias e convicções que trazem saudades, remorso, culpa, lamento, conquistas, perdas e são geralmente uma fonte de recursos para racionalizar ou explicar o que estamos sentindo ou aquilo que acreditamos.

Já o futuro contém histórias que imaginamos. Fantasiamos o presente com sonhos, esperanças e idealizações. Construímos medos, necessidades, preocupações e utilizamos essa energia para racionalizar nossas escolhas.

Enquanto navegamos com a mente pela linha do tempo, nosso corpo se encontra sempre no presente e nos lembra a todo instante, através de necessidades básicas, que estamos aqui e agora. O corpo também nos mostra que, para andarmos, é necessário dar um passo agora em direção ao futuro e, consequentemente, geramos um passado. A ação se faz agora. A transformação acontece agora. Certa vez, em encontro com Richard Moss e Robert Dilts, ouvi de Richard:

— O que eu fui começa agora. O que eu sou começa agora. O que serei começa agora.

Proponho a você que pense nas 5 pessoas mais importantes de sua vida. Não pense muito, deixe fluir. Coloque-as em ordem, sendo 1 a mais importante e 5 a menos importante. Tudo bem se você tem alguma dúvida. Você pode amar a todas estas pessoas igualmente. Apenas para efeito de exercício, permita-se classificá-las.

Talvez você tenha respondido como a pessoa mais importante de sua vida a mãe, o pai, marido, esposa, filhos, outro parente ou amigo. Estas são as respostas da maioria. Alguns poucos, pela fé que possuem, podem ter colocado Deus em primeiro lugar, simbolizando a existência de algo maior, imbuído de um sentimento de humildade. Outros poucos se colocaram no topo da lista ou abaixo de Deus. Proponho as seguintes reflexões:

Que importância tem dado a você? Onde você está em sua lista? Você está liderando sua existência ou deixando a vida te levar? O que tem feito efetivamente para você? Quanto tempo investe em você?

Se você não é prioridade para você, para quem será?

Você é importante e insubstituível, pois é único(a).

Experimente se colocar no topo da lista e dar-se a relevância que você representa. Lembre-se que o poder da escolha é seu e liderar a própria vida depende exclusivamente de você.

Tomar consciência de si traz o foco para agora. Esse é um passo importante para o processo de transformação que não acontece ontem nem amanhã, mas agora.

Muitas vezes, para alcançar resultados, precisamos mudar comportamentos. Comportamentos são repetitivos e exigem dedicação e esforço para mudá-los. Geralmente procuramos soluções dos nossos problemas em pessoas ou personalidades externas como se buscássemos na providência divina uma fórmula mágica e rápida de resolver questões. Se assim fosse, perderíamos a razão de existir e os méritos das conquistas.

Os problemas são gerados por nós, pelas escolhas e somos plenamente capazes de encontrar em nós as respostas que precisamos. Temos em nosso inconsciente todos os recursos que precisamos, basta acessá-los e é mais simples do que imaginamos. Vejamos uma breve demonstração:

Se você está passando por uma dificuldade qualquer e precisa de coragem para tomar uma decisão importante, te convido, neste momento, a fechar os olhos por um instante. Respire calmamente por duas ou três vezes e relaxe. À medida em que mantém a respiração suave, acesse um momento de sua vida em que teve coragem para tomar uma decisão, para superar seus medos, para dar seus primeiros passos, coragem para ajudar alguém, enfim, o seu momento ideal. Entre em contato com a sua coragem. Veja como esta coragem se expressa em seu corpo. Sinta essa coragem. Ouça os sons da sua coragem. Lentamente, abra os seus olhos e traga consigo o recurso da coragem, se sentindo maravilhosamente bem...

Esta simples prática pode ser usada para acessar qualquer recurso que necessite. Quanto mais tempo você investir na vivência e se aprofundar na experiência, melhores serão os resultados. Caso tenha dificuldade em acessar um determinado recurso, imagine um mestre, um mentor ou uma pessoa que te inspire e tenha tal recurso. Peça-o emprestado e o integre a você.

Talvez queira acrescentar algo ou algum recurso em seu plano de ação inicial ou, quem sabe, determinar qual recurso interno ou externo você precisa para que aquela ação se realize ou até mesmo as mudanças necessárias para viver agora. Invista tempo em si. Valerá muito.

Podemos escolher o que deixaremos determinar o estado em que nos encontramos. O vazio que por vez sentimos pode ser preenchido quando tomamos consciência de nós mesmos, do agora, de nossa importância, da importância do outro e das coisas que estão a nossa volta.

Enquanto tomamos consciência de nosso mundo, nos aproximamos da essência. A consciência pura não tem um eu. Quando atingimos esse estágio, passamos a valorizar plenamente as relações humanas e as relações entre todos os seres do planeta. Passamos a praticar a verdadeira compaixão e nos tornamos hábeis a compreender o sentimento dos outros, sendo mais receptivos a perdoar, ajudar, respeitar, acolher, amar e a prática plena pode ser expressada na gratidão. Gratidão por viver a vida, pelas pessoas e seres que dela fazem parte, pelas dores e dificuldades que passamos. Gratidão pelas conquistas, sorrisos, alegrias. Gratidão à lua, ao sol e ao ar que respiro. Gratidão pelo que sou, pelo meu corpo, pela minha existência. Gratidão aos meus pais e irmãos, à minha esposa e meu filho, à minha família e amigos. Gratidão especial a você, amigo leitor.

A vida é perfeita para aquilo que nos propõe. Permita-se vivê-la em plenitude e gratidão.

22

A menina bonitinha da rifa tornou-se empreendedora

Não é uma coincidência o fato de inúmeras grandes corporações procurarem a orientação de camelôs que se tornaram *coaches*, palestrantes e treinadores comportamentais. Elas os contratam porque sabem que dominam conhecimentos e segredos sobre aquilo que o cliente realmente quer. Afinal, executivos de vendas podem circular pelas maiores faculdades do mundo, mas só os camelôs conhecem a alma do cliente

Marilia Quintieri

Marilia Quintieri

Foi formada na maior faculdade de vendas do mundo, aquela que especializa camelôs. Prosperou na carreira porque sempre teve um diferencial para as vendas. Antes de nascer, na barriga da mãe, já escutava os argumentos de sua genitora para colocar a mercadoria na sacola do cliente. Desde os 18 anos, já tinha equipe de vendas e seu tino para os negócios só aumentava. Estabeleceu a meta de se aposentar aos 30 anos. Para isso, dormia tarde, acordava cedo e oferecia aos clientes um padrão de excelência que nenhum concorrente tinha. O resultado não poderia ser outro. Conquistou seus sonhos antes de completar 30 anos. Em paralelo ao sucesso de vendas que sempre teve, passou a inspirar pessoas e empresas para que também conseguissem o êxito. Tornou-se treinadora comportamental formada pelo IFT – Instituto de Formação de Treinadores, cujo formador é um dos mais respeitados do Brasil, o prof. Massaru Ogata. Especializou-se em *Coaching*, Hipnose e Programação Neurolinguística.

Contato
mariliaquintieri2@gmail.com

Você sabe por que as pessoas que atuaram como camelôs estão encontrando tantas portas abertas para atuar como palestrantes e treinadoras?

Porque nós trazemos na alma um ensinamento que a universidade jamais vai ensinar. Enxergamos a necessidade de compra que um semelhante tem e, somente depois disso, identificamos um cliente.

No mercado convencional, primeiro se tenta identificar o cliente e depois se ambiciona compreender fatores que o levam a comprar.

Este é o erro que poucos até aqui enxergaram. Espero que meu artigo lhe abra a janela do novo pensamento, aquele que não é melhor ou pior, mas ousa, positivamente, instigar e provocar sua maneira de refletir.

magine uma profissional que desde a fase embrionária já aprendia a linguagem das vendas e passou mais de 20 anos trabalhando com o público consumidor mais quente do mercado, aquele que adquire ou desiste ao vivo.

Imagine esta experiência dentro de sua empresa e calcule. Como seria a sua equipe de vendas?

Sou filha de comerciantes. Antes mesmo de nascer, já havia sido apresentada aos negócios. Eu não me lembro, é óbvio, mas minha mãe conta que na época da gravidez, ela carregava sua bolsa de lona. Vendedora, formou-se na escola mais exigente do mundo para vendedores. Era camelô.

Sua bolsa de lona tinha quatro pequenas cordas com um ganchinho que permitia abrir e fechar rapidamente. Com sua imensa barriga de gestante ela se agachava, abria a bolsa para mais um dia de venda e lá estava eu, dentro dela. De alguma maneira já escutava seus argumentos de venda, sua excelência e carisma.

Diferente das lojas convencionais, o camelô não tem tempo para indisposição e não trabalha desmotivado. Enfrenta tanto obstáculo para obter sucesso e levar dinheiro para casa que acaba se formando por excelência através do próprio dia a dia.

Nenhuma faculdade, dentro ou fora do Brasil, ensina mais do que o atendimento direto ao público. Naquela época, ainda era muito cedo para que eu soubesse disso, mas o fato é que os esforços de minha mãe estavam me ensinando a empreender e, anos depois, colheria os resultados deste aprendizado fantástico que o ambiente das vendas oferece.

Trabalhar na multidão sempre foi natural para mim. Aos seis anos, óculos escuros e bonés eram os produtos que minha mãe vendia. Por aqueles dias, ela já tinha deixado a bolsa de abrir e fechar. Tinha uma barraquinha desmontável de ferro.

A vocação despertada na infância

Começaram os tempos de escola. Depois da aula teórica, era hora de seguir para a escola vivencial de vendas, a famosa barraquinha. De tanto observar o amor que minha mãe tinha por vendas, eu também já estava totalmente apaixonada pela profissão.

Quando queria algum mimo, inventava algo para vender e, ao invés de pedir dinheiro para a mãe, comprava brincos e revendia no intervalo das aulas. Eram os primeiros passos sozinha no empreendedorismo. Além disso, aqui e acolá fazia uma rifa e, de repente, um ursinho de pelúcia virava o pequeno sonho a ser realizado naqueles dias. Circulava pelo camelódromo de São Vicente oferecendo minhas rifas de barraca em barraca e os camelôs sempre diziam:

— Que menina bonitinha, tão nova e já tão esforçada. Eu vou te ajudar!

Era o meu primeiro contato com o *feedback* e, embora estes profissionais não tivessem a menor ideia do que estavam fazendo, me guiavam para um futuro empreendedor.

Existe erro ou tudo é aprendizado?

Quando era mais jovem e estava construindo os resultados como empresária, conquistei o que almejava. Eu tinha um "que" de urgência para tudo. Não tive adolescência comum. Trabalhava e estudava o tempo todo. Até mesmo para arrumar namorado era um problema. Um tinha vergonha do fato de eu trabalhar atendendo amigos de escola no box para camelôs e outro simplesmente não entendia meus horários, já que eu estava sempre ocupada.

Eu tinha uma meta. Queria "me aposentar" aos 30 e de fato conquistei os sonhos antes disso. Para tanto, desde os 18 anos tinha uma equipe de funcionárias. Eu ainda era inflexível, imatura e rígida, totalmente chefe. Trabalhava de domingo a domingo e tinha muita pressa.

Esta indisponibilidade não chamava atenção apenas dos possíveis namorados. Nenhuma das pessoas de minhas relações entendia. Eu trabalhava duro. Dormia tarde, acordava cedo, tinha inúmeras pessoas para atender, funcionários para administrar e, além disso, o maior vilão era a falta de maturidade para administrar tudo isso.

Hoje tenho uma equipe que treinei para atender com a mesma proximidade e excelência da qual jamais abri mão. O processo de *coaching* ensinou-me o que faltava para agregar tato e compreensão na lida com as pessoas.

Minhas funcionárias sempre foram mais velhas. Ainda assim, sempre me viram como "mãezona". Um conselho, algo a comprar, um investimento.

Até os amigos querem minha opinião. Advogados pedem ajuda para montar o escritório, outros querem comprar um carro e todos sempre perguntam sobre a melhor opção.

Esta maturidade veio com os supostos erros gerados pela disciplina desde a adolescência e, sem ela, não teria conquistado os objetivos. Hoje eu trabalho de uma forma mais equilibrada. Reservo para as pessoas amadas e para mim um tempo maior. Pergunte-me, entretanto, se eu errei ou deixei de viver e já tenho a resposta:

— Não! Acumulei experiência e maturidade para equilibrar o tempo e a dedicação aos sonhos. É justamente este equilíbrio que tenho dividido com as pessoas e empresas, para que também possam alcançar resultados positivos.

O combustível para o empreendedorismo

Ao completar 18 anos, assim como acontece no reino animal, era hora de encarar os predadores do mercado sozinha. Montei minha própria lojinha e vendia os mesmos produtos da época de criança: óculos e bonés. Não tardou e já tinha mais dois boxes na região de São Vicente, onde o fluxo de pessoas é intenso.

Enquanto vendia e dava os primeiros passos como empreendedora, aproveitava para entender cada dia um pouco mais sobre comportamento. Sempre muito bem organizado, meu espaço reunia acessórios para celular como capa, película personalizada, carregadores, enfim, o que colocava para vender encontra comprador. Observei que as pessoas adoram artigos asiáticos e, mais que isso, elas não queriam apenas o produto. Tinha muitos concorrentes, mas a minha loja estava sempre lotada porque eu preenchia um desejo que identifiquei como parte inseparável da existência humana: receber atenção verdadeira enquanto compra aquilo que deseja. Outro diferencial era a apresentação e a variedade da mercadoria. Sempre que montava a estrutura de vitrine, eu já pensava no *feedback* que o cliente daria:

— Nossa, quantos óculos, que legal!

Se eu não imaginasse que o cliente diria ou perceberia a vitrine desta maneira, montava tudo novamente.

Minha mãe ensinou. Os pares ensinaram. Os concorrentes ensinaram. As adversidades ensinaram. A vida ensinou. Eu seria negligente se não tivesse aprendido diante de tantas lições e professores.

No momento de criação deste artigo que resume minha história, tenho 27 anos, um filho de 5 e um sobrinho-filho prestes a completar 12 anos, que adotei e educo com o mesmo amor.

O negócio próprio me permitiu conquistar a casa, o carro e a vida dos sonhos. Cada gota do suor que a venda diária exigiu foi crucial para oferecer à minha família uma vida confortável. Os cursos que tenho feito e demandam investimentos altíssimos foram pagos através das conquistas em vendas. Mas a satisfação profissional sugeria que estava na hora de mudar.

A maturidade e a responsabilidade familiar me levaram ao primeiro passo empreendedor. Passei a construir casas a fim de preparar uma renda passiva para a família. Desde a gestação, minha mãe despertou o espírito vendedor. O despertar empreendedor foi praticamente como uma espécie de promoção. A diferença é que, nas empresas, isso acontece com um plano de carreira e como autônoma, traçava o próprio plano e concluí: eu mereço esta promoção!

Após muitas reflexões, escutei o chamado que a vida vinha fazendo insistentemente.

A garotinha da rifa entendeu sua missão de vida

Eu já acumulava 20 anos atendendo a multidões nos corredores de compra do litoral de São Paulo. Trabalhar com as vendas passou a ser zona de conforto. Eu queria me sentir ainda mais viva e o empreendedorismo me convidava.

Como todos os vendedores que procuram excelência, eu sempre quis entender como funcionava a mente das pessoas para assim compreendê-las melhor e o desenvolvimento de pessoas mostrou-se a opção que me fazia sentir viva.

Bastou participar de um treinamento vivencial de alto impacto. Ali eu já sabia qual era a minha missão e como seria feliz a partir dos 30 anos: conduzindo pessoas a encontrarem o mesmo resultado que atingi quando experimentei.

Percebi que a soma de minha experiência comercial com a experiência transformacional era um casamento muito favorável. Durante toda minha vida, felicidade sempre foi compartilhar. Ver as pessoas felizes e promover uma transformação na vida delas era algo que me fazia entender porque estou neste mundo.

Quando entendi esta mensagem, pensei:

O que estiver ao meu alcance para desenvolver as pessoas, será concluído. Se faltar algo, vou correr atrás e farei.

Esta constatação me abriu os olhos para algo que sempre tive para oferecer às pessoas: o coração. As vendas ensinaram a tomar todas as decisões por instinto, mas, quando o assunto reunia pessoas e clientes, o coração estava presente.

Nunca tomei uma decisão 100% racional que envolvesse outro ser humano. É isso que me credencia para treinar outras pessoas. É isso que me faz viver. Chegou a hora de ensinar o que aprendi através da experiência com desenvolvimento humano e, como diz o professor Massaru Ogata, eu estou pronta!

Busquei o IFT, a maior formação disponível no Brasil para preparar quem deseja fazer a diferença nas empresas e na vida das pessoas.

Enquanto você lê este artigo, estou voando para cumprir a minha missão ou descansando de mais um grande passo que dei. Mas posso afirmar algo. Cada vez mais eu me especializo e estou certa de que terei sucesso por três razões:

1) Não consigo ver outra coisa senão o sucesso;

2) Cada pessoa que passar por meus treinamentos receberá uma parte da ferramenta que sempre usei para vender na vida: o coração;

3) Como todo camelô que nasceu vendendo nas ruas, não sei o que é fracasso ou tristeza. Sei apenas rir daquilo que não deu certo, levantar a cabeça, calcular onde errei e seguir para vencer logo em seguida.

Imagine esta filosofia aplicada à sua vida ou seu negócio e me responda com sinceridade.

Quando você se formou, qual foi o professor que ensinou estas três lições?

O processo de *coaching*

Atuando como *coach* de vendas, encontro o sentido da minha experiência de vida que não pode ser desperdiçada.

Formar grandes equipes e gerar uma transformação real como fiz com as equipes que trabalharam comigo é algo único e meu propósito não é apenas apresentar a mudança, como vejo em muitas palestras.

Quero fazer as pessoas sentirem a mudança, porque percebi que somente assim o conteúdo ensinado vai durar de verdade. Percebo que as palestras são legais, mas o efeito parece ter um curto tempo ativo em seus corações.

Sempre fiz amizade com o varredor de rua e com o presidente de multinacionais. Quando nem se falava em *network* no Brasil, eu já atendia perfis diferentes de pessoas. Mesmo antes de me formar como *coach*, a técnica de fazer as perguntas certas já estava registrada no meu espírito de vendedora.

Depois de tantos sonhos realizados, estou realizando o mais novo, que se resume em contribuir com a vida das pessoas. Como empresária, eu já vendi todo tipo de produto. Hoje, se você passar em frente à vitrine, verá produtos diferentes de tudo que já comercializei. O único ponto de semelhança é que sempre vendi produtos excelentes. Confira o que tenho hoje na vitrine para você:

- *Alegria*
- *Motivação*
- *Empenho*
- *Determinação*
- *Disciplina*
- *Superação*
- *Resiliência*
- *Inspiração*
- *Amor*

Nunca chorei por nada material. Vendedores que aprenderam na raça se transformaram em especialistas porque investiram tempo para reconstruir, mas estão sempre com a agenda lotada demais para marcar compromisso com algum tipo de lamento. Aquilo que se perde aqui, se ganha ali.

Hoje, porém, há algo que me leva às lágrimas com muita facilidade: o semblante transformado do participante de um treinamento, de alguém que teve contato com meu trabalho e após minha humilde colaboração, sentiu-se mais feliz.

Amanhã ou quem sabe no mês que vem, se você me encontrar de olhos marejados após um evento do qual você participou, não estranhe. Agora você já sabe que a sua transformação me emociona a ponto de nunca mais parar.

Contrate-me para conduzir as vendas de sua empresa ao sucesso e, assim como fiz em meus negócios, não vou descansar até encontrarmos juntos o seu objetivo, até transformarmos cada funcionário e até vermos no semblante de todos eles o sorriso verdadeiro de quem está feliz porque faz o que ama.

23

A força redentora do perdão

Como o próprio nome diz, o perdão tem uma força redentora capaz de possibilitar reonexão, paz e consequente cura. Não estamos falando de um milagre. O que será abordado neste artigo é uma possibilidade latente e ao alcance de todos, decorrente da prática do exercício de genuíno amor próprio. Estamos falando de um recurso interno que liberta, derruba muros, constrói pontes e edifica a vida

Nerilene Ramos Escobar

Nerilene Ramos Escobar

É Instrutora de Treinamento Comportamental. Acumula mais de 5 mil horas ministradas e ajuda as pessoas a entregarem ao mundo uma melhor versão de si. Graduada em Pedagogia e Pós-graduada em Pedagogia Empresarial; *Personal, Life* e *Executive Coaching* pela Sociedade Gaúcha de Coaching; Certificada pela Associação Internacional de Coaching Generativo e treinada em nível avançado diretamente pelos criadores da matéria: Robert Dilts e Stephen Gilligan. Treinadora Comportamental pelo IFT/SP com o Mestre Massaru Ogata; *Practitioner* em PNL – Grupo Águia/RS; Tecnóloga em Gestão de Treinamento, Desenvolvimento e Gestão de Recursos Humanos. Eneagrama aplicado ao dia a dia – Instituto Eneagrama; Análise Institucional – Instituto de Psicologia Social Pichon Riviere; Aplicação de Técnicas Vivenciais de Ensino – PUC/RS; Gestão de Pessoas nas Organizações – Karim Khoury; Coautora do livro! "Foco+ação= Resultados"

Contatos
nerylene@hotmail.com
(51) 8111-7677

Os benefícios físicos e mentais decorrentes do perdão vêm sendo comprovados por intermédio de estudos e pesquisas. E está cada vez mais claro que o nosso corpo responde à ausência dele através da contratura muscular, coração acelerado e espasmos.

Enquanto o perdão não acontece, ficamos presos numa ciranda de raiva, culpa e dor. Sem nos darmos conta de que ele é a chave para a cura, nos perdemos emocionalmente e embrutecemos o coração.

Mesmo com tantas evidências dos benefícios que ele nos proporciona, tem se mostrado uma prática pouco recorrente, possivelmente em virtude do desconhecimento do seu real significado.

A origem desse verbo vem do latim perdonare, o qual é formado pela preposição per (para) mais o verbo donare (dar). Justapondo o significado, veremos que perdão é uma ação de doar.

Com o perdão doamos liberdade e esperança, uma vez que se trata de um ato de amor, que possibilita a reconstrução da paz interior e consequente cura. Quando o negamos, geramos emoções negativas, como raiva, mágoa, tristeza, ressentimento e medo, sendo que o medo dá origem à insegurança e esta nos torna prisioneiros.

Tornamo-nos detentos da ansiedade, angústia e depressão.

Nesta cela abrimos mão do protagonismo da vida. Delegamos ao desânimo o papel principal do nosso destino. Tornamo-nos meros expectadores e atribuímos a má sorte à falta de saúde, paz e sucesso.

Na medida em que nos deixamos aprisionar, também aprisionamos. Aprisionamos sonhos e esperanças, liberdade e o desejo de libertar.

Por medo e insegurança, imaginamos e inferimos demais, nos tornando vítimas das nossas fantasias que nos levam ao abismo e à dor.

Por nos sentirmos inseguros queremos ter o controle de tudo e de todos, e agindo assim, causamos sofrimento, no outro e em nós. Nos tornamos escravos dos nossos medos.

E para que tanta dor?

Para que aprisionar?

O que nos motiva a aceitar o papel de prisioneiro?

O eco das experiências do passado, geradoras de raiva, insegurança e medo nos impede de viver o presente e nos afasta do sentimento de plenitude e amor. Aprofundamos emoções sombrias e perdemos de vista a luz.

A falta de perdão nos mantém na vitimes e nos impede de criar relações mais saudáveis com o outro e com nós mesmos. Impede-nos de vislumbrar a saúde e a tranquilidade que residem no outro lado da dor. Dificulta o entendimento da importância de se livrar da mentalidade de vítima, mesmo que tenha sido uma.

Guardar rancor é como carregar bolas de ferro presas ao corpo por mero prazer de culpar o outro pela nossa infelicidade.

O perdão nos possibilita o desapego de relações concluídas, alivia a dor, cura as tristezas da alma e nos liberta para amar. Ele encerra batalhas internas e nos devolve a vida com maior compaixão e autorrespeito. Nos garante o encontro da paz e a vida transformada.

Nossas crenças sobre o perdão determinam a disposição para perdoar, enquanto que as nossas experiências de acolhimento e aceitação influenciam na fidelidade de alinhamento dos nossos sentimentos, desejos e comportamentos.

Para evitar abandono e punição, muitas vezes, substituímos sentimentos e comportamentos verdadeiros por outros que sejam mais aceitáveis. Por medo da rejeição, reprimimos a raiva e adotamos uma máscara que acreditamos ser compatível com a imagem que queremos passar. Assumimos uma postura que agride a nossa essência e não nos damos conta de que enquanto o ressentimento e a raiva forem negados ou ignorados, o perdão não acontece.

Outras vezes abdicamos ao perdão pelo não entendimento de que este é simplesmente uma maneira diferente de ver as pessoas e as circunstâncias geradoras de sofrimento, e assim, nos mantemos apáticos aos gritos da alma e aos efeitos paralisantes do rancor.

Ocorre também de não perdoarmos pelo risco de perdermos os benefícios secundários que temos em manter o ressentimento e a raiva. Estes benefícios podem se manifestar através da sensação de poder e controle, bem como, pela piedade e autopiedade.

Além disso, pode acontecer de utilizarmos a raiva como propulsora de mudanças, uma vez que ela gera medo ou culpa em quem queremos influenciar. Com esta prática não nos damos conta que ampliamos a chance de convívio com pessoas apáticas, infelizes e revoltadas. Será que é isso que queremos?

A raiva limita a compreensão de que somos responsáveis pela manutenção e pelo desejo de que ela acabe. À medida em que nos aproxima do triste destino de "ir vivendo", nos distancia da gentileza e do autoperdão.

Por raiva, não perdoamos e tendemos a ver o outro como fonte de estupidez e erro, sem nos darmos conta de que o comportamento que o outro manifesta é fruto da decepção, insegurança, opressão, medo, abandono, falta de reconhecimento, sensação de desrespeito e carência de amor.

Demonizamos o outro e o julgamos sem direito a defesa. Esquecemos que o perdão está relacionado com a maneira como percebemos as pessoas e as circunstâncias. Esquecemos principalmente que é essa maneira que nos torna humanos.

A mágoa tem um efeito paralisante na vida, enquanto que o perdão nos conecta com a paz. Isso por que ele reduz a agitação e o estresse decorrente da lembrança de algo doloroso que já não pode mais ser mudado. Ele reduz os diálogos internos que aceleram os batimentos cardíacos em virtude da raiva e da dor causada por estes diálogos e lembranças.

O perdão é o maior presente que alguém pode se dar, pois é nele que começa o processo de cura.

O perdão não elimina fatos; ele simplesmente os torna menos importantes.

Ele não deleta o passado, mas enobrece o futuro.

Ele não exclui a justiça. Apenas oportuniza que esta seja feita sem rancor, obsessão e transtorno emocional.

Ele não subtrai a razão, no entanto, alivia a alma.

Ele não obriga a convivência com o outro, porém, aumenta a chance de reconciliação consigo mesmo, e com isso reconstrói a paz interior.

O perdão é um verdadeiro milagre que está ao alcance de todos. Basta abrir o coração.

É isso!

24

Perdão e Aceitação: Recursos para uma Transformação Organizacional e Pessoal

No mundo empresarial, o grande porquê, a missão, define a visão e onde se quer chegar, tendo seus valores como alicerce. *As pessoas também possuem sua missão e valores, porém poucas sabem o grande porquê de suas vidas e seguem sobrevivendo, dia após dia. Para quem não sabe o que quer, qualquer coisa serve.* Ofereço neste capítulo um universo de pensamentos voltados à gestão de pessoas. Permita-se

Nyara Silva

Nyara Silva

Master Coach e *Head Trainer*, atua com o processo de *coaching* direcionado aos setores individual, de carreira, executivo e de vida, além de iniciativas em grupo para o público feminino, mães que trabalham. Especialista com diversas certificações internacionais, é Treinadora Comportamental formada pelo IFT. Formada em Psicologia Positiva, Análise Transacional e 360º. Graduada e mestre em Ciências da Computação com ênfase em Análise de Sistemas. Pós-graduada em Finanças e Estratégias Empresariais. Acumula 16 anos de experiência em projetos de TI com atuação forte em gestão de pessoas, liderança e solução de conflitos. Empresária fundadora da Vivencie Você Treinamentos e *Coaching*, acredita no verdadeiro crescimento e aprendizado pela experimentação, base do que oferece ao mercado: *coaching* e treinamentos de alto impacto 100% práticos e vivenciais, que despertam alta *performance* e revelam o propósito de vida. O seu propósito pode ser o próximo.

Contatos
www.vivencie.vc
nyara.silva@vivencie.vc
(34) 99979-7912

Cada passo estrategicamente planejado e executado tem sua força de existência intrínseca à busca ou propósito que nos movem.

É justo afirmar que algumas vezes esta busca é desconhecida ou, em sua maioria, inconscientemente ignorada?

Esta pergunta é poderosa o suficiente para talvez permitir uma reflexão.

Onde está o real controle das ações, planos, realizações, fracassos e, por que não, dos nossos sonhos?

Foi esta inquietação que me impulsionou ao autoconhecimento. As formações para desenvolver competências e habilidades não me satisfaziam mais.

Descobrir o que efetivamente me movia, entender o motivo pelo qual algumas mudanças eram tão onerosas e perceber a presença insistente da repetição de padrões comportamentais começaram a me incomodar.

Eu progredia, porém não exatamente na velocidade que gostaria.

Assim, através da análise transacional, comecei a caminhada em busca de respostas que, de maneira curiosa, foram encontradas internamente.

A busca em mim trouxe o verdadeiro entendimento sobre reações inapropriadas e o quanto elas frenavam o caminhar profissional. Possibilitou ainda reconhecer meus talentos e habilidades já desenvolvidos e não utilizados e a perceber algumas novas questões sem respostas. Por fim, permaneceu a dúvida de qual seria o meu grande porquê.

Nestes primeiros passos, a aceitação como ferramenta já se fez imprescindível para que o novo pudesse ser reconhecido.

Aceitar sem dor foi a lição maior desta busca. Admitir limitações próprias, divergências de percepção e velocidades de ação serviram como alicerce para engrenar pelo desafio de liderar pessoas através da gestão de projetos corporativos multidisciplinares.

*O crescimento pessoal é indescritível ao liderar pessoas,
enquanto nos permitimos aceitar que sempre temos algo
a aprender em qualquer nível de relação ou situação.*

Frente a um novo desafio, tendemos a canalizar nossa energia para conhecê-lo e domá-lo. Sabiamente, nosso cérebro acomoda as demais ansiedades internas, permitindo desvendar o desafio com foco e maior aceleração.

Permaneci neste processo até o novo despertar, que veio com a maternidade. O nascimento de minha filha trouxe à tona certa ansiedade sobre o propósito de vida. Vi-me bombardeada por incertezas e tomada por um medo nunca experimentado. Por mais que me dissessem que esta fase de questionamentos era normal e passageira, dia após dia eu me percebia mais incomodada.

Mais uma vez investi na busca por respostas na minha história. Reconheci meu poder de atrair pessoas que eu pudesse ajudar e a minha genuína vibração ao perceber o crescimento delas.

Desenvolver pessoas faz parte de minha essência. Descobri que sou uma verdadeira amante de almas. E como eu amo as pessoas e sua diversidade!

Mudar o norte, no aspecto pessoal ou profissional, exige determinação e coragem. Decidir pelo melhor caminho permeia conhecer nossa essência.

Este é o segredo para atravessar de forma tranquila e assertiva as fases de transição: congruência entre os nossos papéis e o propósito maior de vida.

Quando vivemos em congruência interna, maiores são as chances de maestria na lida com as circunstâncias adversas que a todo instante nos colocam à prova.

Comecei a me enveredar pelos caminhos do *coaching* até encontrar a formação que permitiu agregar, além das ferramentas, a vivência. Para minha surpresa, novamente me deparei com um processo que acelera resultados e transita pela reflexão durante uma viagem ao eu maior, para o resgate de foco e alta *performance*.

Resgate é a palavra que melhor define o sucesso de um processo de *coaching*, porque aquilo que desejamos encontrar já existe em nós e o experimentamos em algum momento da história de vida.

Uau, como foi bom descobrir isso!

Permitir acesso à memória demanda bravura, porque a lembrança de experiências desarmônicas provoca revivê-las em sua plenitude com a maturidade do presente, porém, com a carga emocional do passado.

Deparei-me com acertos e erros repletos de grandes lições que normalmente seriam obscurecidas pela falta de perdão. Estes aprendizados ofereceram insumos para seguir por caminhos diferentes e ainda bloqueados pelo apego ou falta de compreensão.

Perdoar é desapego. É verdadeiramente acolher o fato e o que ele traz, guardar o que trouxe de bom e deixar ir o que não é importante. É olhar para nossa história com honra, respeito e um novo significado que abre espaço no presente para o novo. É reconhecer em nosso know-how o poder de movimento e engajamento para perseguir metas. As respostas que procuramos estão sempre no íntimo, na consciência e como é bom enfatizar esta verdade mais uma vez.

Na minha prática com os *coachees* (clientes) de demandas em carreira, notei que o baixo desempenho ou a dificuldade de se reconhecer profissionalmente estão atrelados ao padrão de pensamento limitante que inconscientemente leva à sabotagem.

Observei também a presença deste ciclo vicioso no ambiente corporativo, comprometendo a autoestima profissional das pessoas, provocando o impacto negativo de comportamentos sabotadores individuais no clima organizacional de uma área e, o mais importante, me reconheci fazendo parte deste sistema.

Comecei uma nova jornada de leituras sobre o comportamento humano e encontrei uma escola que ensina sobre esta arte através da experimentação. Tornei-me treinadora comportamental e quebrei de vez o paradigma de que perdão e aceitação são conceitos referentes à autoajuda.

Numa atmosfera de formação vivencial totalmente focada em dinâmicas de alto impacto, o perdão e a aceitação foram como chaves para a transformação e assimilação do meu maior aprendizado.

Ali, num ambiente protegido e acolhedor, me permiti ir mais fundo ao encontro da própria consciência. Renasci com um novo olhar e cheia de possibilidades inéditas.

Percebi a falta de ação em momentos marcantes da vida, alavancada pela aversão ao risco de fracassar e comprometer a independência. Reconhecer esta falta como minha, aceitar este padrão e identificar a origem de tamanha limitação foi doloroso e perturbador. Outra vez, experimentei o poder do perdão e aceitação como recursos para sair deste processo com congruência e crescimento.

O grande passo para perdoar

Aceitar que os nossos pais foram melhores do que os pais que eles tiveram.

Este entendimento foi o divisor de águas. O bom permanece e o perdão e a aceitação abrindo espaço para novas oportunidades e ações. Senti a leveza de me perceber em harmonia com a luz e a sombra presentes em mim e do grande impacto que poderia promover para aqueles que desejam sair do lugar.

Fazer mais com menos tem sido a maior diretriz estratégica no mundo das corporações.

A inovação, otimização de processos operacionais e a busca pelo encantamento do cliente são os pilares de sobrevivência neste mercado cada vez mais exigente. No entanto, a engrenagem das empresas são as pessoas que, por sua vez, possuem emoções, necessidades e sonhos como engrenagens de vida. Ao menos os sonhos deveriam fazer parte deste motor.

As empresas nascem e seguem sua trajetória de crescimento pautadas por missão, visão e valores. O grande porquê de uma corporação é o que define a visão e a emotização[1] de onde se quer chegar, tendo seus valores como alicerce.

As pessoas também possuem sua missão e seus valores, porém poucas têm conhecimento disso. Sem saber o grande porquê de suas vidas e o que buscam na existência, elas seguem, sobrevivendo, dia após dia. Para quem não sabe o que quer, qualquer coisa serve.

Talvez faça sentido para você refletir sobre quatro ações fundamentais para a evolução pessoal e o crescimento empresarial:

1) Um processo seletivo poderia ser mais assertivo ao avaliar se a missão e valores dos candidatos são alinhados com a missão e valores da empresa recrutadora e com o que se espera do cargo;

2) É preciso pensar no(a) líder que precisa engajar seu time rumo ao propósito corporativo e esta equipe deve atuar em congruência com os próprios ideais;

3) Grandes líderes têm como missão pessoal o desenvolvimento humano e o cuidado de fazer a diferença em suas relações. Trazem resultados com excelência pelas pessoas harmônicas com os valores individuais e contribuem na busca da visão de cada pessoa.

4) Por último, faz sentido pensarmos na facilidade de se construir um clima organizacional agradável e inspirador, onde a congruência seja percebida em cada ação estratégica da empresa. Como é bom saber que a coesão de uma equipe é possível e que o *turnover*, o absenteísmo e a assiduidade podem ser controlados, desde que se invista em autoconhecimento na seleção, treinamento e *feedback* colaborativo, sempre com a visão macro que nós *coaches* fomos treinados para orientar.

---

1 *Emotização:* ato de imaginar, perceber e participar dos desejos vindouros com nossos sentimentos e emoções.

Investir em autoconhecimento é investir em crescimento. Uma empresa que segue por este caminho também experimenta a fase de transição, que começa pela mudança ou reafirmação de sua missão, visão e valores, para depois oferecer aos seus líderes e liderados a oportunidade da transformação pelo conhecimento de si. Os treinamentos comportamentais de alto impacto e o processo de *coaching* fazem parte deste projeto de mudança como protagonistas.

A mudança que vem dentro é libertadora

A ciência de si é um movimento de dentro para fora. Exige coragem para rememorar sua história e decidir o que fazer com os acontecimentos quando estiver em contato com o turbilhão de emoções que os envolvem.

Desatar nós emocionais é doloroso e a permissão para tal é inconsciente. Favorecer esta anuência é um dos dois principais alvos do treinamento ou processo de *coaching* e se constrói através da atmosfera de acolhimento e proteção. Outro objetivo importante é a segurança durante a condução do processo, garantindo que cada despertar seja cuidadosamente direcionado para que a pessoa saia da experiência melhor do que entrou.

Aceitar e perdoar são os primeiros passos da transformação e, uma vez adotados, o reflexo comportamental é rapidamente percebido.

O sentimento de gratidão pelo passado aflora quando o sentimento de honra por ele é autêntico.

Conforme a maturidade interna vai se estabelecendo, comportamentos saudáveis e de equilíbrio se fazem presentes, promovem a criatividade, o fortalecimento das relações e a responsabilidade de viver o presente, ao invés de apenas sobreviver a ele.

O papel da consciência presente para a criação do futuro nas organizações

Saber o motivo pelo qual estamos aqui e agora permite uma visão de futuro. A partir daí, basta avaliar o presente e as mudanças que precisam ser feitas para conquistar sua grande meta de vida.

No contexto organizacional, os impactos positivos são gradativamente observados conforme a maturidade deste processo se estabelece. Enquanto isso, há aumento na produtividade porque os contratados se reconhecem na empresa e trabalham motivados.

Este ambiente de trabalho inspira pertencimento, desperta a criatividade e o desejo de contribuir. Ao mesmo tempo, perder pessoas é inevitável e, neste contexto, recrutar novos talentos faz o processo ficar um pouco mais moroso, porém assertivo e, ao mesmo tempo, mais vantajoso, considerando a dificuldade e o custo que a demissão envolve.

O caminho é transformar e emotizar

Ofereci uma abordagem de transformação em um universo de pensamentos voltados para a gestão de pessoas. Apresentei a possibilidade de acelerar resultados através de atitudes que já estão conosco, um olhar diferente para seguir novos rumos a partir de tudo que a vida já nos ofereceu até aqui.

Emotizo para o futuro de nosso país um profissionalismo mais humano, com foco na geração de resultados corporativos para alcançar realizações profissionais e pessoais de cada ser, retrato da cooperação traçada pela evolução mútua de uma comunidade;

Emotizo a busca constante de conhecimento sobre nós mesmos, o que trará ao mundo novas gerações de pessoas vencedoras e colaborativas. Deixo em minha visão de futuro o crescimento exponencial do treinamento comportamental e do *coaching*, para que gerem grande impacto transformador e permitam que as pessoas sejam mais leves, felizes e realizadoras;

Emotizo corporações de atuação crescente no mercado, saudáveis e com um valor agregado à marca intangível por verdadeiramente reconhecer nos trabalhadores o seu principal ativo, a fiel engrenagem do motor que leva à perpetuidade;

E, por fim, emotizo minha participação ativa neste movimento revelador, onde a superação estará reconhecidamente aceita como possível e as atitudes para reforma íntima serão estimuladas em prol de uma evolução sistêmica, sem tabu.

Vamos juntos?

Carrego uma certeza: não estou sozinha nesta visão de futuro. Se você é empresário(a) ou alguém que, assim como eu, identificou o desejo de se conhecer e compreender os funcionários além do óbvio, faça contato e permita-me apresentar de maneira inédita o perdão e a aceitação, combustíveis que transformaram a minha vida e farão o mesmo com a sua.

25

Mostre ao impossível que ele é um cara fraco!

Recurso é ferramenta. Municiado dela, você pode desbravar o que vier, desde que tenha atitudes firmes, resiliência e alguns outros pequenos segredos que revelarei em seguida. A partir desta convicção, o impossível vai se tornando um cara franzino. Neste trecho da obra, vou apresentar métodos, soluções e opções novas para enfraquecer o impossível, afiar e fortalecer as ferramentas que você merece ter

Prof. Marco Antônio Ott

Prof. Marco Antônio Ott

Master Coach, *Head Trainer*, Analista Comportamental, Hipnólogo, Consultor de Empresas, Palestrante e Professor de MBA. Considerado um *coach* experiente e carismático palestrante, é conhecido por ser um cientista comportamental de expressivo *know-how* focado no avanço da alta *performance* com *cases* em treinamentos de alto impacto ministrados para diretores, executivos, líderes, gerentes e equipes no Brasil e América Latina. Escritor dos livros: O poder do *Coaching* - Ed. IBC; *Coaching* nas Empresas - Ed. IBC; Estratégias de Alto Impacto - Ed. Ser Mais; Manual de Coaching - Ed. Ser Mais. Diretor-Presidente do Instituto Ottimize; Hipnólogo certificado pelo IBFH; Treinador Comportamental certificado pelo IFT; *Master Coach* Executivo e Hipnólogo Ericksoniano certificado pelo IBC. *European Coaching Association/Global Coaching. Community/Behavior Analysis Profiling/ Metaforum Internacional*; Especialista em dinâmicas de grupo - SBDG e Docência do Ensino Superior; Bacharel em Administração de Empresas.

Contato
marco.ott@gmail.com

Vamos começar pelo certo e errado. A maior parte dos profissionais tem pouca ou nenhuma noção sobre isso. No passado, as empresas resolviam o problema com a criação de manuais de procedimento e ética ou com a criação de políticas internas que na prática não eram seguidas.

Os tempos de informação rápida mostraram que é melhor inserir impacto no formato de educação corporativa que prevê a inteligência emocional, já que é impossível um manual padronizado gerar discernimento ou inspirar ética, disciplina e resultados extraordinários.

O que é certo e errado se aprende cedo. Se o que você faz é bom, é possível insinuar que está certo e, caso tenha dúvidas, descubra se o que faz é bom para os outros. A conta é bem fácil de ser feita: ganha + ganha = certo. Do contrário, pare e reveja tudo antes que faça errado por muito tempo e, no futuro, ao invés de celebrar o sucesso, tenha apenas arrependimento.

Eu gosto do que é certo para todos porque as coisas fluem e fortalecem o conceito de qualidade. Henry Ford definiu como certo aquilo que fazemos quando ninguém está olhando. Não é necessário abrir uma discussão filosófica e conceitual. Tudo que você precisa para identificar a diferença entre certo e errado está em você e talvez falte conhecer os recursos que possam transformar você em referência.

O empresário que deseja fazer de sua empresa uma referência deve, antes de tentar, se transformar em referência porque uma organização colhe resultados através do impacto direto gerado por proprietários e acionistas, ou seja, pessoas como você.

Do recurso à referência, passo a passo

Recurso é ferramenta. Quem tem a ferramenta consegue desbravar oportunidades na mata virgem do conhecimento e se transforma em explorador. Todo explorador é idealizador. Logo, quem idealiza se converte em uma figura de autoridade. E dotada deste empoderamento, a pessoa passa a ser referência. Precisamos transmitir esta segurança aos clientes, fornecedores, parceiros estratégicos e concorrentes. A partir desta linha de compreensão, gerar atitude de impacto é assertivo e merece nossa análise.

➤ Cliente que não te vê como referência, compra de qualquer um e nunca será fidelizado;

➤ Fornecedores que não te consideram referência, priorizam o abastecimento ao seu concorrente;

➤ Parceiros estratégicos que não pensam em você como referência, verão o lado deles ao sinal da primeira adversidade;

➤ Concorrentes que não te reputam a referência, farão de tudo para ver a sua queda.

Resultados versus Atitudes

Colher a melhor safra com sementes ruins é impossível. Mesmo que você use a terra mais fértil, tenha o ambiente plenamente favorável e cuide muito bem, tudo será em vão.

Como vai abrigar-se da chuva na casa maravilhosa que construiu se optou por um telhado incompatível? A famosa água mole em pedra dura encontrará um jeito de infiltrar-se.

O senso comum dirá que atitudes são "os nossos comportamentos" e "o que fazemos em relação a algo".

Para mim, a atitude está relacionada ao que se "quer fazer" e alta *performance* se alcança com o pensamento que você mantém diariamente, criando um tipo de padrão positivo que é sempre avaliado e aprimorado a partir do que verdadeiramente VOCÊ QUER.

➤ Impacto é o resultado das melhores ou piores ações e torço para que opte pela primeira;

➤ Comportamento é reflexo do autoconhecimento ou do desconhecimento e espero que você opte pela primeira;

➤ Realização é a atitude que se escolhe ter na vida num papel evolutivo ou retrógrado, então espero que você escolha os frutos da evolução, porque quem criou o impossível não fazia a menor ideia do poder que tem as atitudes de alto impacto.

O impossível é um cara fraco!

O que é considerado alto só pode ser assim classificado porque está acima do normal segundo os olhos de quem vê. Vamos supor, por analogia, que o impossível seja um cara.

204 | Estratégias de Alto Impacto

Quem acredita neste cara o transforma num ser tão forte que será eternamente insuperável. Quem consegue enxergá-lo como o cara fraco que ele é, vai transformá-lo "num cara possível". O alto impacto gera esta visão porque é resultado do choque de algo contra algo. Atitudes normais, resultados normais e nenhuma surpresa.

Fazer melhor, por outro lado, provoca um choque que resulta em algo maior do que se não o fizesse. Entendeu por que o impossível é um cara fraco? Na hipótese de não ter ficado claro, vou contar um pouco do "impossível" que superei.

Mude a perspectiva através do pensamento de alta *performance* e o potencialize com alto impacto

O modo como você pensa pode gerar avanço ou paralisia em outras pessoas. Ao oferecer soluções inovadoras e desafiantes, os pares precisam superar ou igualar este pacote solucionador, senão vai gerar o impacto comparativo desfavorável para sua imagem. Acontece no meu ramo, no seu e no do vizinho. É a cultura do impacto que existe ao fazer algo, mas é pouco discutida.

O pensamento é aquilo que vem do intelecto, um produto da mente que pode surgir por razões diversas como sentimentos, sensações, estímulos de sobrevivência ou memórias. Você pode ter pensamentos de cinco naturezas.

- ➤ **Dedutivo** – *vai do geral ao particular;*
- ➤ **Indutivo** – *vai do particular ao geral;*
- ➤ **Analítico** – *separa o todo em partes;*
- ➤ **Sistêmico** – *relaciona as partes para chegar ao todo;*
- ➤ **Crítico** – *avalia o conhecimento.*

E você sabe, enfim, qual é o resultado de pensamentos ruins?
E o resultado de pensamentos bons?

Vamos à superação que comentei. Atente-se a estas duas perguntas:

Você pode emagrecer para ter saúde?
Você pode ser saudável para obter saúde?

Muitas pessoas acham impossível emagrecer. Eu mesmo tive essa dificuldade antes de tornar-me especialista em desenvolvimento humano. Estou acima do peso desde os 12 anos. O antigo endocrinologista que me atendia tinha um mantra que nada me agradava.

— Você precisa perder peso para ter saúde.

Certo dia, decidi procurar um especialista em cirurgia bariátrica. Suas palavras foram diferentes.

— Para fazermos a cirurgia é importante que você perca peso.

O argumento do profissional me remeteu a um pensamento paralisante. Um disse "perca peso para ter saúde" e outro disse, para perder peso, enfrentar os riscos pré e pós-cirúrgico.

Achei a variação de posições dos médicos incongruente e me causou um nó que gerou estagnação, ou pior, adquiri mais peso por não ter encontrado a solução.

Anos depois, decidi parar de pensar em emagrecer para obter saúde e coloquei outro pensamento dentro de meu sistema de crenças.

— Eu quero ser uma pessoa saudável para aí sim emagrecer

Mudou tudo. Hoje, enquanto o ruído do teclado se mistura à construção deste artigo, passo por grandes resultados que até o momento já ultrapassam a redução de 30 Kg. Troquei TODAS as minhas roupas. Encontrei a qualidade de vida que procurava. A autoestima aumentou na mesma proporção que o peso se reduziu e minha família está feliz pelos resultados, afinal, equilibrar o peso é sinônimo de saúde.

Saber fazer e não fazer é não saber. Este é o maior dilema do ser humano. Eu resolvi fazer alguma coisa. Tinha o conhecimento advindo dos médicos, acumulava a este saber os detalhes das engrenagens do cérebro por conta das especializações na área e do ponto de vista educacional, sabia ensinar aos outros como atingir grandes resultados. Tudo que precisei foi mobilizar os melhores recursos de todas as áreas da minha vida, fossem de natureza profissional ou pessoal, para gerar resultados poderosos.

Eu não apresentei um exemplo especulativo. Provei que o impossível é um cara fraco. Superei adversidades porque acredito no alto impacto, na alta *performance* e na porção inconsciente que só usamos mesmo quando percebemos que nossa vida merece a mudança. Agora, você tem insumo suficiente para escolher qual pensamento usar, para decidir se vai avançar ou paralisar sua vida.

Quem aciona o botão start para as maiores decisões de uma nação é o alto poder governante. Nas empresas, o líder maior. Na educação, os pais. E por que, em sua vida, o acaso merece decidir quais resultados terá? Errado! É você quem comanda isso. Reflita sobre quais coisas você quer!

Dois botões. Azul para resultados comuns ou iguais e vermelho para resultados poderosos, de alto impacto. Você decide qual será acionado e, por experiência, a sugestão: o botão vermelho mudou minha vida.

206 | Estratégias de Alto Impacto

Quem disse que é ruim sentir insegurança?

- ➤ *Sentir algum tipo de insatisfação nos deixa em estado alerta;*
- ➤ *Um pequeno fragmento de expectativa nos faz antecipar resultados extraordinários, meses ou anos antes da previsão planejada;*
- ➤ *Quem experimenta inquietude recebe um convite natural ao movimento;*
- ➤ *Quem acha que não é grande coisa se engana e não faz ideia de seu poder;*
- ➤ *Quem pensa que se basta como última essência do universo precisa descer e viver.*

Insegurança não se combate como uma doença degenerativa. Eu ministro aulas para cursos de MBA em cinco universidades e, analisando a curva de maturidade, dou-me o direito de viver alguma insegurança aqui e ali. O oxigênio desta intranquilidade não é a falta de conhecimento e sim o excesso dele, porque não há nada tão perigoso quanto o excesso de saber.

Há mais de 20 anos, de uma forma ou de outra, eu trabalho com foco em relacionamento. Este período me fez deduzir que uma atividade simples em sala de aula ou a eventual dinâmica de grupo aplicada por alguém despreparado pode produzir o alto impacto proposto na obra, mas neste caso não necessariamente de maneira positiva. É por isso me permito alguma insegurança. É este sentimento que me faz permanecer em estado de alerta e livre da arrogância de supor que detenho conhecimentos além da maioria.

Eu não sou capaz é diferente de dizer estou inseguro.

A construção de meu legado se direciona a encantar e desenvolver pessoas. Tudo que faço tem por sustentação este objetivo. E creia, encantar não significa só dar flores. Vigor, conflito e impacto fazem parte do exercício de mostrar a realidade no papel de educadores e formadores de opinião.

— Como ter sucesso hoje em dia, professor?

É uma pergunta que sempre escuto. Não é porque estou à frente da sala de aula que detenho os segredos universais do crescimento na carreira. Como aleguei em outra obra que escrevi, a simplexidade – não é um erro de digitação e sim a convergência do complexo para o simples – é aquilo que se imagina simples e às vezes tem certo grau de complexidade e o que se pensa ser complexo, muitas vezes é excessivamente simples. Por exemplo:

A água em sua essência é pura. Medida em intervalos de 10 segundos, apresentará alguma pequena variação nesta pureza. Eis a resposta para os alunos que fazem esta pergunta. Nosso corpo é composto por 65 a 80% de água. Ora, se a água em sua essência não consegue ser perfeita ou manter-se no mesmo estado por sua característica mutável, por que nós, tão mais imperfeitos, ficamos estáticos e resistimos a mudar?

Sucesso requer mudança de paradigmas, comportamentos, visão e atitudes. Em outras palavras, temos mais de 65% de substância mutável dentro de nós. É um belo percentual para inspirar mudanças constantes que a vida e a carreira tanto esperam.

Sucesso nato é indiscutível. Porém, será que somente quem nasceu com diferencial talento merece sucesso? Sem dúvida, a resposta é não. O sucesso pode ser adquirido e o talento pode ser despertado. É aí que eu entro em cena como *master coach*, *head trainer* e palestrante, para exercer o legado de encantar e desenvolver pessoas. Divido com você alguns ingredientes que não podem faltar na busca pelo sucesso:

Análise realista sobre o ambiente e a situação nos quais você se encontra;

Aquisição ou reciclagem das competências relacionais, o famoso *network*;

Alinhamento de interesses e valores pessoais aos da empresa;

E, por fim, definição daquilo que verdadeiramente querer fazer com tudo isso. Esta decisão é o oxigênio para resultados de alto impacto.

Por que você recebe o seu salário?

Quando faço estas perguntas, ouço respostas comuns.

— Porque sou esforçado, dou duro nesta empresa, sou pontual, faço tudo que se exige...

A resposta que eu mais desejo ouvir e que pode guiar as pessoas ao sucesso, dificilmente é pronunciada:

— Porque eu entrego resultados.

Mesmo que encontre quem me ofereça a resposta certa, uma segunda questão costuma deixá-las mudas.

— E que resultados são estes que você entrega?

A culpa não é da pessoa. O maior recurso a ser usado para alcançar excelência, impacto e alta *performance* é a própria pessoa, desde que queira estar preparada para isso.

A maior parte das empresas adota critérios inespecíficos para os resultados que esperam dos colaboradores. Por exemplo:

— Nesta empresa, nós esperamos que os colaboradores cumpram suas metas mensais.

É pouco. Cumprir a meta traz um valor financeiro, mas não garante que o colaborador venha a entregar resultados sobre os valores de qualquer empresa:

- ➤ Gerenciar o tempo;
- ➤ Encantar a todos o tempo todo;
- ➤ Ser capaz e desejar ser maior, gerando o impacto necessário para aumentar o volume de negócios.

E você? QUER mostrar ao impossível que ele é um cara fraco? Faça contato e vamos juntos!

26

PCM - Posso, sou Capaz e Mereço

Em sua grandiosidade, Deus nos fez com potencial para os altos níveis de excelência. Podemos permanecer na "normalidade", aceitar o que vier, disputar ocupações e lutar por sobrevivência. Outra opção é fazer os sonhos se realizarem. O desafio da superação é gigantesco, mas a determinação leva ao ápice e permite alcançar o patamar do "sucesso" destinado a quem desenvolve dons e habilidades ao máximo

Roberta Beatriz

Roberta Beatriz

Graduada em Administração de Empresas. Pós-graduada em Treinamento e Desenvolvimento de Pessoas PSC, formada pelo Instituto Brasileiro de *Coaching*. *Business and Executive Coach* formada pelo Instituto Brasileiro de *Coaching*. Treinadora comportamental formada pelo IFT - Instituto de Formação de Treinadores. *Millionaire Mind Intensive* - by T. Harv Eker. Trabalho na área de desenvolvimento de pessoas há mais de dez anos. É a missão de vida que me realiza.
Moro em Araguari, onde somamos aproximadamente 115 mil pessoas. Testemunhei a migração de muitas pessoas para capitais maiores em busca de reconhecimento. Eu fiquei e mantive três pensamentos: Eu acredito em Araguari. Eu acredito em mim. Sou capaz de administrar grandes negócios e fazer sucesso neste lugar que amo. No passado, troquei sonhos de criança, de adolescente e investi numa carreira construída através dos robustos pilares que a administração de empresas exige para manter firme qualquer negócio construído... E encontrei o sucesso do jeito que sempre desejei!

Contato
roberta@robertabeatriz.com.br

"Trabalho é vida. Tudo é trabalho, tudo é ação.
É movimentação energética e potência, expansão, renovação."
Michelle e Paulo Silveira

Assim afirmaram os ilustres autores na obra *Atitude, A Virtude dos Vencedores*. Pude comprovar esta máxima. A atitude fez toda diferença no caminho que percorri. Aos 11 anos, nasceu em meu coração a convicção de que seria responsável pelos resultados que a vida me proporcionaria. Foi quando iniciei a trajetória profissional. Eu era apenas a criança que tinha o sonho de uma vida melhor, mas já tinha maturidade suficiente para entender que sonhos só se tornam realidade com atitude.

Agarrei-me à primeira oportunidade que a vida proporcionou. O que eu sabia fazer de melhor era brincar e crianças sempre gostam de outras crianças, pois se identificam. Um dia, fui convidada para a comemoração de aniversário na casa de uma vizinha querida chamada Sandra, com quem adquirira o hábito de brincar e cuidar de suas filhas Marcela e Juliana, pelas quais tenho enorme carinho e apreço.

Neste dia, passei toda a tarde brincando e cuidando de uma nova criança, Maísa, filha de uma amiga desta vizinha. Foi uma bela tarde, sempre ao lado da mãe daquele bebê que tinha só seis meses.

A primeira oportunidade profissional se desenhava. Percebi que a pequena Maísa precisava de uma babá que gostasse de crianças, como eu, que sou apaixonada por elas.

Vou agarrar esta oportunidade! – Pensei.

Sem perder tempo, me ofereci para a vaga. A mãe da criança presenciou naquela tarde o meu desejo de trabalhar, minha total dedicação e amor. Ela me deu o emprego. Tenho uma pergunta para vocês:

Por que as pessoas não sonham mais?

Um dos grandes vilões deste século é o imediatismo das pessoas que querem tudo pronto: alimentos, *fast food*, dietas milagrosas de uma semana, pipocas de micro-ondas.

São vontades que mudam a cada instante, de acordo com a onda momentânea.
Sonhos de micro-ondas. Sonhos mais que instantâneos.

Este efeito impede que desejos se tornem sonhos porque estes necessitam de tempo e de um adubo chamado *feedback* positivo para germinar. A vida, cada vez mais frenética, gera um nível de crítica alto. Pais chegam em casa e transferem cobranças do trabalho para a família com críticas implacáveis.

— *Filho, você não fez a tarefa!*

— *Você é desobediente, nunca faz nada do jeito que eu mando!*

Deixam passar a oportunidade de oferecer elogios edificantes e afeto verdadeiro. Deixam de mostrar que as qualidades de seus preciosos filhos são maiores que as falhas.

Chefes e colegas de trabalho repetem o mesmo ciclo nas empresas, com críticas que depreciam subordinados e pares. É claro que não me refiro à totalidade e tampouco generalizo, mas a crítica desmedida é um veneno para a alma humana quando lançada sem os devidos cuidados. Para cada crítica negativa são necessárias sete positivas. E falta, em nosso meio, o *feedback* positivo concedido com amor, afeto e verdade.

Ver nos outros as verdadeiras qualidades e expressá-las é como uma brisa para a alma. Ouvir um elogio sincero é implantar luz à escuridão.

"Ao tocar uma alma humana, seja apenas outra alma humana."
Carl Jung

Em grande parte do tempo, as pessoas se esquecem desta frase e tornam-se duras, especialistas em julgar comportamentos alheios. Declaram sentenças cruéis por onde passam. Desvalorizam acertos e supervalorizam erros.

Por aqueles dias, eu não sabia o significado da expressão *feedback*, mas era especialista em ver e valorizar o lado positivo das pessoas. E assim começou a busca pela realização de meu sonho e, como não era de micro-ondas, logo o desejo de crescer bateu à minha porta. Em 1990, me propus a sonhar até o último fio do cabelo.

Na vida e nas organizações, onde encontramos pessoas dispostas a darem até o último fio do cabelo por seus sonhos?

Contratada para trabalhar em um salão de beleza, inicialmente minha função básica era lavar cabelos. Não levou muito tempo para que conseguisse, com boa vontade, determinação e garra, exercer a maioria dos serviços prestados no salão. Era o primeiro contato com administração de empresas e eu ainda não tinha noção de que estava construindo uma carreira de sucesso. Com muita agilidade, passei a cuidar da gestão do salão, contas a pagar e receber, controle de estoque e compras. Não era contratada para estes fins e nem recebia para tal, porém, *fazia o meu melhor*. O que reinava em mim era a sede por aprender e fazer, pois só assim meu sonho se realizaria. Minha visão era o amanhã. Venci todas as dificuldades e fui além.

> *Quando nos dispomos a fazer o nosso melhor, o resultado é consequência e não precisamos nos preocupar, pois ele nos alcançará.*

Com apenas 12 anos eu sabia muito bem porquê merecia o sucesso.

E você que está lendo esta obra, sabe por que merece o sucesso? Se ainda não sabe, farei de tudo para inspirar você até o final deste capítulo.

Busquei incessantemente o crescimento contínuo, ali mesmo, sem esperar que a vida me oferecesse mais. Desenvolvi-me e aproveitei todas as oportunidades, até que me senti como se estivesse presa em uma casinha de João de Barro. O ambiente ficou pequeno. Estava sem ar. Queria voar mais alto. Mantive fortes os vínculos que até hoje cultivo e agradeço, mas fui buscar espaço para preencher minha vontade de crescer e aquietar o coração.

Vendemos a imagem a todo momento e mesmo sem conhecer esta grande verdade, um novo trabalho me abriria portas. Alguns sonhos, entretanto, tiram o foco da vida real. Ainda no salão, por diversas vezes preparava clientes para desfiles, eventos e, ao mesmo tempo, me imaginava do outro lado, sendo preparada para as passarelas. Tive o gosto de experimentar alguns desfiles e poucas ocasiões bastaram para ver que era algo distante de minha realidade. Sentia que meus pés se sentiam mais firmes ao chão e, precisei reconhecer, meu caminho de plenitude não era este.

Há uma multidão de pessoas e empresas que vivem um caos financeiro por se permitirem sair da realidade em busca de um momento consumista, dirigido por ondas facilitadoras de crédito, acompanhadas por campanhas de *marketing* desenhadas para incutir desejos e possibilidades realizadoras.

Sonhos surreais, somados a outros fatores, recaem sobre as pessoas como um vírus desmotivador que as impede de produzir com excelência e vigor.

O resultado não poderia ser outro: a frustração pessoal cria cenário de negação e as pessoas transferem a responsabilidade de escolhas indevidas para as organizações. Discursam que seus rendimentos são baixos ou que são explorados. Compromissos financeiros deixam de ser cumpridos em dia, geram problemas, discussões familiares e agravam ainda mais o estado de apatia. Neste clima tempestuoso, colaboradores têm baixo nível de produtividade e contribuem negativamente para o clima organizacional. Eleva-se o *turnover* e as ações trabalhistas. Eles acreditam que uma posterior ação trabalhista vai resolver seus problemas financeiros. Creem que foram explorados e disseminam isso pelos corredores. Contaminam colegas que muitas vezes estão na mesma situação e geram um efeito dominó. Após algum tempo, altos custos são acarretados à organização despreparada para lidar com estes colaboradores.

As organizações não são o problema e muito menos os colaboradores. A falha nos cuidados e na orientação é a verdadeira origem do problema.

Trabalhar a educação financeira dentro das organizações e conscientizar colaboradores acerca de como gerir melhor seus ganhos atrai maior produtividade, gratidão e fidelização como benefícios à organização que enxergou adiante e contribuiu para a qualidade de vida dos funcionários.

Você consegue ver e ouvir as oportunidades?

Em 1992, a oportunidade que eu buscava chegou e uma porta maior se abriu. A secretária do Dr. Lourival Barbosa era cliente do salão e já tinha comprovado minha dedicação e compromisso. Esta secretária, Andreia, foi importante impulsionadora do meu crescimento, afinal me concedeu a oportunidade.

Até ali, eu nunca tivera contato com um computador. O equipamento parecia inalcançável. Mas a vontade e disposição eram gigantes e eu queria aprender. Andreia soube com maestria desenvolver meu potencial. Era autoritária e extremamente exigente, o que criou um ambiente onde eu me sentia incapaz de desistir ou me opor.

Eu era uma secretária dócil, atendia às necessidades apresentadas sem questionar. Mais uma vez, fui muito além das obrigações com prontidão. Aos sábados e domingos, que deveriam ser destinados ao descanso, eu trabalhava. Era o tempo que encontrava para cumprir tantas tarefas dentro do prazo estabelecido e continuar aprendendo. Em pouco tempo, mais uma vez era responsável por todo o trabalho do consultório. O alto nível de exigências me fez atenta e detalhista às funções. Não tardou e fui promovida. Acumulei ainda mais funções e, com o passar do

214 | Estratégias de Alto Impacto

tempo, fui promovida novamente. Estava movendo esforços para realizar o sonho e alcançar o meu sucesso.

A maioria das amigas falava em estudar fora, mas eu acreditava que encontraria o sucesso sem deixar o município que tanto amava. Após tantos esforços, a grande oportunidade de minha vida superou todas as expectativas.

Fui convidada a assumir um cargo de confiança na clínica que tinha crescido e precisava de uma administradora para gerir todo o funcionamento. Novamente eu só tinha a vontade e a disposição, pois ainda cursava o primeiro ano na faculdade de Administração. Assumi o cargo com medo, mas com muita determinação de *fazer o meu melhor*.

Hoje, enquanto tenho o prazer de participar, escrever nesta obra e te inspirar, administro um grupo de clínicas médicas onde me deleito, pois realizei o sonho que não ficou apenas dentro das clínicas. Especializei-me também em desenvolvimento de pessoas, tornei-me *coach* e treinadora comportamental formada pelos melhores nomes profissionais deste segmento. Encontrei minha missão de vida, aquilo que gera enorme prazer e satisfação.

Acreditei em um sonho, em ter uma vida diferente, em fazer a diferença. Acreditei em mim. Alcancei o próprio sucesso. E se eu posso viver o sonho ao invés de somente imaginá-lo, você também pode.

> *Dentro de nossa imensa diversidade, somos todos iguais. Podemos, somos capazes, merecemos o sucesso e esta é minha missão: ajudar pessoas a alcançarem o seu sucesso.*

Ao longo de minha história profissional, passei por diversos momentos de transição para alcançar meus anseios. Assumi decisões que causaram angústia e incerteza, sentimentos que podem paralisar o crescimento profissional. E como os vivenciei, tenho experiência para te dar uma dica. Afinal, tenho certeza que você não quer parar pelo caminho:

Faça análises que fortaleçam a tomada de decisões e aplaque os sentimentos paralisantes. Questione-se como o processo evolutivo lhe afeta.

> *O que você perde com esta mudança? Estas perdas são realmente significativas? Como as pessoas que você ama seriam impactadas? Quais seriam os seus ganhos? Estes ganhos são realmente importantes para o seu sucesso? Como as pessoas reagirão com estes ganhos?*

As respostas vão fortalecer, gerar mais segurança e neutralizar a sabotagem, mesmo que o sabotador seja você, agindo inconscientemente.

Preste atenção em 5 etapas:

1) Avalie suas competências. Faça um levantamento do nível das habilidades necessárias ao novo profissional que você almeja;

2) Estude suas melhores habilidades, aquelas em que você é *expert*;

3) Analise as habilidades que, com um pouco mais de esforço desprendido, poderão alavancar o alcance de melhores resultados;

4) Avalie as habilidades que necessitam de maiores cuidados para não se tornarem gargalos do processo de crescimento. Estas precisam ser desenvolvidas com zelo e atenção para evitar empecilhos para o seu sucesso;

5) Certifique que este processo está gerando aperfeiçoamento. Se a resposta for afirmativa, siga. Se suspeitar que está travando, reinicie a análise e as ações.

Outro ponto importante é o novo ambiente. Imagine como será o funcionamento e as pessoas nele inseridas.

> *Quais são as pessoas mais importantes no seu processo de crescimento? Como será seu contato com elas e como irão contribuir para a sua evolução?*

Zele por ter bons relacionamentos neste novo ambiente. Faça contato com pessoas e mostre seu trabalho para que seja reconhecido pelo que faz. As pessoas precisam ver seus progressos além do que mostram os relatórios.

Cuidado com um grande inimigo, o sentimento de não se sentir merecedor. Saiba que se outras pessoas alcançaram o sucesso, você também pode fazê-lo. E se não o fizer, outra pessoa fará. "Lembre-se de lembrar-se de não se esquecer" do **P. C. M.**

**Posso
Sou Capaz
Mereço**

A consequência de um desejo ardente da alma somado à garra, persistência e dedicação é *o sucesso*. Eu sonhei que conseguiria e viveria meu sucesso ao lado das pessoas que amo. Encontrei a prosperidade e realizei este sonho.

27

O meu valor maior: acredito no produto que estou vendendo

Por que empresas falham?
Não existe uma razão isolada, mas uma série de medidas que são deixadas de lado. Neste texto, evidencio o que é preciso para ter bom posicionamento no mercado, essencial para que a empresa seja bem estruturada e possa construir um planejamento estratégico eficaz e efetivo. Vou partilhar as necessidades mais importantes no mundo corporativo e na vida profissional.
Vamos juntos?

Rose Montenegro

Rose Montenegro

Master Coach Trainer – Business and Executive Coaching pelo IBC; Destaca-se pelos temas *Business and Executive Coaching, Coaching* de Carreira; Treinadora Comportamental – IFT; 25 anos de experiência corporativa nas áreas de vendas, *marketing*, compras e gestão de pessoas. Consultoria empresarial com foco em Planejamento Estratégico e RH; Formada em Administração de RH; Pós-Graduada em Administração de Empresas – FGV; Especialista em *Marketing* Estratégico – FGV.

Contatos
www.rmconexao.com.br
contato@rmconexao.com.br
(84) 99951-0220

Já ouvi dizer por aí que bom funcionário precisa vestir a camisa da empresa.
É necessário ir além: bom funcionário deve suar a camisa.

É preciso sentir-se parte do time, acreditar no que faz e compreender o objetivo de tanto esforço. Do contrário, não se gera comprometimento.

Conhecer e acreditar naquilo que vende faz toda diferença na vida de bons vendedores e, sem estes dois recursos, convencer o cliente passa a ser um desafio quase impossível.

Para o sucesso da organização, é imprescindível que, além da força de venda, todos acreditem. O funcionário da logística, por exemplo, é questionado pelo cliente sobre o motivo da demora para receber o produto e solta:

— A empresa é uma bagunça terrível, tem um monte de entrega errada, a rota não está correta e isso provoca mesmo muito atraso.

Como diria Sam Walton, *esse cliente não volta mais.*

Não existe uma boa relação entre este funcionário e a empresa, entre a liderança e seus pares. Fica claro para o cliente que é uma empresa desorganizada e não vale o risco de fazer um mau negócio. Pergunto:

Este funcionário acredita na sua empresa, no seu líder?

E aquele cliente que volta na loja, procura o vendedor dizendo que o produto está com defeito e este rapidamente diz:

— Você é o quinto cliente com a mesma reclamação. Já falei com o gerente, mas ele não resolve nada.

Fica nítido que missão, visão e valores estão desalinhados, falta liderança e profissionais comprometidos.

Se as crenças nos impulsionam a decidir ou recusar, é natural fugirmos de pessoas, produtos ou serviços nos quais não acreditamos. Compreende porque acreditar se torna determinante para o processo de venda?

Nossas crenças são as maiores motivações ou desmotivações. Fazer algo que não acreditamos desestimula até mesmo a vontade de sair para trabalhar. Por isso, acreditar dá energia e satisfação para atingir todos os objetivos.

Com poder suficiente para contaminar os colaboradores, a descrença pode gerar resultado catastrófico e todos os benefícios que foram empregados para motivar a força de venda serão em vão. Isso significa que não adianta contratar um profissional para vender algo em que não acredita.

Rose Montenegro | 219

Aquilo que oferece sustentabilidade para acreditar são nossos valores.

Para Oliveira (2005):

> os valores são o conjunto dos princípios e crenças que a organização carrega, fornecendo suporte para a tomada de decisões. Além de contemplarem uma grande interação com questões éticas e morais. Podendo se transformar em vantagem competitiva.

Os valores podem ser considerados padrões de comportamento organizacional que norteiam decisões para atender as demandas da empresa. Desta maneira, os valores dos colaboradores precisam estar alinhados aos da organização. Isso é compartilhar ideias, evitando que a relação entre empresa e colaborador fique fragilizada.

Temos a possibilidade de aprimorar as qualidades essenciais para alcançar os objetivos de forma sustentável, especialmente no setor de vendas, unindo o conhecimento das técnicas ao autoconhecimento que resultará na identificação: missão, visão e valores. Agindo assim, vamos inspirar e influenciar nossos *stakeholders*[1] a satisfazerem suas necessidades. É uma maneira arrojada de vivenciar o trabalho de vendas, transformando o estresse em ótimas oportunidades. Nascerá uma relação de lealdade e fidelidade, além da sensação genuína de pertencer à organização com paixão e compromisso.

A responsabilidade da liderança pela retenção dos talentos

Uma pesquisa recente do Instituto Gallup revelou que mais de 60% dos funcionários que deixam os empregos na verdade demitem-se dos antigos chefes imediatos e não das empresas, mas preferem justificar sua saída por questões salariais ou simplesmente porque receberam uma proposta mais atrativa. É uma forma diplomática para *sair bem* e, na pesquisa, a estatística somente perdeu para outros motivos, como a sensação de estarem subaproveitados, sem desafios ou reconhecimento e sem expectativa para crescer na empresa.

Os índices de *turnover*[2], não existe dúvida, são indesejáveis. O giro de talentos é responsável pelo ônus nas organizações, que pagam um preço alto por talentos perdidos e, concomitantemente, compromete os resultados e a imagem da empresa.

---

1 *Stakeholder* – parte interessada.
2 *Turnover*: rotatividade de pessoal.

A maestria na liderança

O líder é um maestro de ouvidos sempre abertos e excelente capacidade empática. Sabe conduzir sua orquestra no momento mais tenso e valoriza os musicistas. Sua comunicação toda é feita através dos gestos com a batuta e guiado pela magia da partitura. Há muito tempo, esta metáfora vive em meu imaginário, mas, para a liderança conduzir com maestria, comunicação eficaz será o maior recurso a fim de atingir todos os musicistas de forma equalizada.

Trazendo esta metáfora para o âmbito profissional, um líder despreparado que não se comunica de forma adequada não ouve sua equipe, não se interessa pelos liderados, não tem empatia, não compartilha informações, com certeza desafina.

Você não aprende tudo na faculdade

Quando pensamos em bons profissionais, logo avaliamos a formação acadêmica e seus conhecimentos técnicos. No entanto, o que faz a diferença no mundo empresarial vai além das habilidades técnicas.

Vamos imaginar um cenário de 50 pessoas que supostamente têm o mesmo conhecimento e acabam de sair da faculdade. Alguns decidem seguir para a pós-graduação e MBA. Contudo, os clientes não analisarão o seu histórico escolar, as notas atribuídas na faculdade ou especializações. Não estou fazendo apologia ao desleixo com as notas, mas afirmando que, na hora de se lançar no mercado, o cliente vai perceber a forma como o profissional irá vender o seu trabalho.

O melhor funcionário não é necessariamente o que sabe mais, mas o que sabe vender melhor a sua imagem, o seu trabalho, o que pode oferecer valor genuíno ao negócio ou empresa.

A importância de sua imagem

A trajetória profissional e pessoal é uma riqueza particular a ser conduzida com integridade e dedicação. É saudável trabalhar na construção da marca pessoal no universo de atuação.

O *marketing* pessoal é aquilo que você utiliza para mostrar quem realmente é. Muitas pessoas já despertaram e perceberam que investir na imagem é o caminho para ganhar vantagem competitiva. Faça uma análise de sua imagem e veja a forma como se apresenta no mercado. Não despertar ou ignorar esta necessidade é prejudicial para a carreira. Profissionais competentes dotados desta preocupação têm maior possibilidade de crescer e, por efeito, sua imagem pessoal também se fortalece e valoriza diariamente.

Construir uma imagem pessoal exige disciplina, determinação, autoestima, crenças positivas e valores que irão conduzir comportamentos congruentes, desenvolvendo um conjunto de ações estratégicas que balizarão a trajetória profissional e pessoal de maneira assertiva para o sucesso.

Segundo Kotler, o *marketing* pessoal é:

> *"um novo conceito e instrumento do marketing em benefício da carreira e das vivências pessoais dos indivíduos, valorizando o ser humano em todos os seus atributos, características e complexa estrutura".*

O *marketing* pessoal eficaz requer autoconhecimento como imprescindível.

Existe um norte rumo ao sucesso: conhecer seus pontos fortes, fracos, seus talentos, valores e missão, bem como definir objetivos e metas.

Até mesmo durante a seleção de candidatos, organizações sérias aplicam testes de autoconhecimento para avaliar a capacidade intelectual e, em muitos casos, o diploma da melhor universidade perde valor frente ao desconhecimento interior.

Vemos de fora para dentro

Depois de cumprida a etapa do autoconhecimento, é hora de melhorar o produto. A apresentação pessoal é um cartão de visitas vivo. Vale lembrar que algumas mudanças externas agregam valor ao produto. O esmero com o visual precisa ser avaliado cuidadosamente com a roupa ideal para cada ocasião. O asseio básico, por sua vez, é responsável pela harmônica imagem. Para se lançar como produto é substancial conhecer o mercado com autoridade, condição que propicia conceber preço adequado.

O *marketing* está intimamente ligado ao departamento de vendas através de promoções e propaganda. Isso exprime a necessidade de lhe deixar lições importantes, afinal, você é o publicitário de sua própria vida.

Dicas para melhorar o *marketing* pessoal

- Cuide bem da postura, ombros caídos transmitem a imagem de quem jogou a toalha;
- Dedique especial atenção para a sua saúde e faça *check-up* anual;
- Vista-se como gosta, mas seja prudente ao escolher as peças conforme a ocasião;
- Organize-se para evitar uma mesa cheia de papéis. Afinal, seu cliente pode pensar: *Se a mesa de trabalho é esta bagunça, imagine a qualidade do serviço!;*

- Preserve sua imagem no trabalho, em casa e também com os amigos. Antes de ver o conteúdo, a primeira coisa que vemos é a forma e o que está na parte externa.

Desenvolvimento Pessoal

Como estamos chegando ao fim, vale afirmar que investir na imagem é trabalhar forma e conteúdo. Mas, quando a pessoa trabalha só o externo, torna-se fútil, cria um personagem que cedo ou tarde se perderá. O conteúdo reúne competência, caráter, honestidade, fidelidade, enfim, os valores internos, referências do desenvolvimento pessoal.

Invista parte do que ganha para fazer cursos em diversas áreas, aprecie bons livros, revistas, reportagens, documentários e entrevistas. Participe de palestras que permitam escutar os especialistas. Adote o processo *coaching* como ferramenta de evolução pessoal e profissional.

O comprometimento e a determinação diante dos objetivos traçados, adequados ao desenvolvimento dos talentos, farão a diferença e agregarão valor à sua marca.

> *Jamais colocarei meu nome em um produto que*
> *não tenha em si o melhor que há em mim.*
> John Deere

Você escolhe quanto deseja ganhar

Como empresária, assumo uma consultoria focada em gestão de pessoas, planejamento estratégico, *coaching* e treinamento. Antes disso, atuei como funcionária em variados segmentos. Certa vez, fui convidada para trabalhar em uma empresa cujo salário oferecido ficava muito abaixo do que eu desejava ter e do retorno que o meu trabalho traria à empresa, mas aceitei o desafio com uma condição: ter o salário reavaliado em 90 dias. Não tive medo, sabia que tinha total capacidade de atingir todos os objetivos. Preparei minha estratégia, tracei o plano de ação e cumpri cada etapa. Durante 90 dias, dediquei-me a conhecer a empresa, seus sistemas, fornecedores, cultura, minha equipe e pares. Comecei a disseminar a visão sistêmica na organização, que, por não existir até ali, gerava sérios problemas.

Você se lembra da metáfora? A organização é uma orquestra na qual tudo precisa estar afinado e em sintonia. O setor que assumi como gestora tinha péssima imagem, com trabalhos sem qualidade.

Escutando as pessoas, reconhecendo quando estava errada, reavaliando processos, identificando as necessidades, buscando a melhor maneira de amenizar impactos negativos e potencializar os pontos fortes, tratei de corrigir a falha.

Assumi todas as reclamações dos outros setores e juntos encontramos a melhor solução para cada problema. Comecei acolhendo a responsabilidade e até mesmo sacrificando meu setor, pois, avaliando de forma sistêmica, o impacto seria menor.

Eu não olhava apenas para o meu departamento, mas para os benefícios totalitários. Como resultado, eu, minha equipe e os pares fizemos um trabalho impecável.

Três meses depois, fui conversar com a diretoria, preparei uma apresentação que abrangia todos os dados durante minha gestão, coletei dados do último ano e os comparei com as conquistas de nossa operação trimestral.

Mostrei a efetividade do trabalho com base em relatórios, gráficos e indicadores. Ultrapassamos metas antes inatingíveis e, com tamanha qualidade, minha equipe tornara-se completamente diferente. Apesar do quadro ter permanecido inalterado, eram pessoas motivadas e felizes. Deixei claro porque cheguei para fazer a diferença e não com teoria, mas sustentada por dados efetivos e pessoas transformadas.

O salário foi readequado e ainda tive argumentos suficientes que possibilitaram conseguir reajuste para todos de minha equipe, simplesmente porque o mérito não era apenas meu. Era nosso e não existia nada mais justo.

Pedir aumento usando a expressão eu mereço como argumento é a melhor maneira de se conseguir um não como resposta.

Na visão empresarial, todos merecem. Portanto, a empresa deseja saber mesmo é se você agrega valor aos negócios e às pessoas.

No título do artigo, afirmei que, segundo meus valores, preciso acreditar no produto que estou vendendo. Depois de tantas comparações, metáforas e experiências, tenho certeza que agora você me entende.

Faça contato e me permita levar esta visão para o seu grupo e a empresa que garante a obtenção de seus sonhos. Afinal, como *coach*, realizei os meus sonhos e agora estou preparada para ajudar na realização dos seus.

Referências

OLIVEIRA, D. P. R., *Planejamento Estratégico, Conceitos metodologia práticas*. 22.ed. São Paulo: Atlas, 2005. 335p.

KOTLER, Philip. *Administração de marketing: a edição do novo milênio*. São Paulo: Prentice Hall, 2000.

DA SILVA, Elson M. *Os efeitos da liderança na retenção de talentos*. Rio de Janeiro: 2006.

28

Quando a vida exige, a mudança grita e a alma se liberta

Muitas pessoas estão insatisfeitas com a própria vida, mas a maioria segue o fluxo e se deixa levar em vez de enfrentar a mudança necessária para chegar à felicidade e completude. Foi na combinação entre meditação e *coaching* que eu e tantos outros encontramos nosso caminho. Eu te convido a um olhar mais interno para que possa definir o melhor rumo ao lugar onde o seu ser realmente merece estar

Sabrina Costa

Sabrina Costa

Life & Professional Coach. Advanced Trainer. Palestrante. Graduada em Comunicação Social com MBA executivo pelo Instituto Coppead, soma 18 anos de experiência executiva na área comercial em empresas multinacionais. Em 2007, começou sua jornada interna se desenvolvendo através de trabalhos para expansão da consciência e transformação pessoal. Ministra palestras, treinamentos comportamentais para empresas, *coaching* para equipes, *workshops* e cursos, além dos atendimentos individuais, Integrando técnicas da Oneness University - Uma Universidade voltada para expansão de consciência. *Professional, Leader & Personal Coach* pela SBC (Sociedade Brasileira de *Coaching*), reconhecida pelo BCI (*Behavioral Coaching Institute* – EUA) e pelo ICC (*International Coaching Council* – EUA). Treinadora Comportamental pelo Instituto de Formação de Treinadores, IFT, de Massaru Ogata. *Advanced Oneness Trainer* - Oneness University - India.

Contatos
contato@sabrinacostacoach.com.br
www.sabrinacostacoach.com.br
facebook/sabrinacostacoach
(11) 97333-7662

Em minha penúltima viagem para a Índia, participei de um curso que durou quatro semanas em uma universidade voltada ao despertar da consciência. A cada dia, em processo crescente, trabalhávamos um tema.

Aos poucos, fui enxergando as limitações da mente e as armadilhas sentimentais que nos impedem de sermos mais plenos e felizes, de trazer uma consciência elevada em conexão com nosso *eu superior*.

A sabedoria e as respostas da Índia

No oitavo dia, ainda sob efeito do fuso horário, acordei um pouco mais cedo. O relógio marcava 4h30m quando fui para a varanda do quarto. A vista permitia contato com um rio que margeava o campus, onde estava alojada. Não demorou muito e, ao longe, pude ver o céu começando a ficar mais claro. Estávamos entrando na segunda semana do processo e muitas coisas já tinham se mexido dentro de mim.

Olhando para o sol que ia despontando, pensei em minha vida como um todo. Trabalho, família, amigos, realização de vida...

Na época, atuava como gerente comercial de uma multinacional. Minha gerência respondia por um grande percentual do faturamento da empresa e, sob minha responsabilidade, tinha uma equipe com a qual adorava trabalhar. Construímos juntos um clima saudável e amigável. Eu era excelente profissional, entregava todos os resultados e conquistava a confiança dos clientes. O salário me permitia estar ali na Índia e investir um valor alto por aqueles dias, além de me proporcionar uma vida tranquila e confortável com muitos benefícios que a posição executiva trazia.

Porém, eu buscava entendimento além de tudo isso. Queria compreender o que mais faria para proporcionar à minha vida o exercício de todos os talentos natos, todas as potencialidades e que pudesse acordar para cumprir, com o trabalho, meu papel na sociedade de forma plena.

Sabrina Costa | 227

Ali, contemplando o rio fluir e o sol nascer, este pensamento aflorou.

Nesta rotina de 28 dias, o tema da primeira aula era concretização de sonhos. Ensinava como todos nós, desde que conectados com algo muito maior, alinhados com os propósitos, fazendo nossa parte e sentindo no coração o alinhamento da missão de vida, este *algo maior* providenciaria o restante.

Não vou entrar no mérito de que este *algo maior* é Deus, energia, universo, destino, física quântica ou lei da atração. Não importa para mim como você vai designá-lo. Importa para você, pois independentemente da nomenclatura e forma, esta força maior está disponível para todos e isso é um fato.

Na aula seguinte, o Dasa [1] começou com uma grande pergunta:

— Quem aqui medita enquanto exerce sua profissão?

Um silêncio total e incômodo se estabeleceu.

Para quem não entendeu a pergunta, eu digo o que é meditação. É estar presente, em estado de paz e pleno. Não é esvaziar a mente e não ter pensamento nenhum. É estar ali, em presença, concentrado no que está fazendo. Então, agora pergunto de novo:

— Quem aqui se sente pleno e realizado enquanto trabalha? Talvez você se sinta realizado ao bater sua meta ou conquistar um elogio. Não estou falando disso, mas do dia a dia, antes do reconhecimento e das metas batidas. Enquanto executa sua função, você se sente pleno?

Ele continuou disparando sabedoria.

— Não se sente realizado e pleno? Então eu digo, você trabalha muito mais para atingir o resultado esperado de sua função. Se você trabalha agradecido, em presença e feliz, tudo flui perfeitamente.

Fechei meus olhos e cenas em minha mente começaram a surgir.

Naquela sala, estava acompanhada por um grupo de pessoas. Eu ministrava uma palestra e eles escutavam atentamente. Em seguida, lembrei-me de uma coachee. Eu fazia um processo de coaching para melhorar seus relacionamentos.

Estas cenas se manifestaram sem esforço e me senti em paz, plena.

Quando abri os olhos, estava com o semblante leve. Havia acabado de me reconectar ao propósito de vida: ser *coach*, treinadora e palestrante.

No dia seguinte a aula foi sobre quão honestos somos conosco. Daí a *integridade interior*, isto é, a capacidade de aceitar nossas deficiências e sombras, ao invés de fingir não existirem ou negá-las.

---

1 Dasa - pessoa devotada à vida monástica e clausura, em busca do Divino.

Medo, insegurança, capricho, egoísmo, raiva, intolerância e outras sombras habitam dentro de cada ser humano. Dependendo da situação, uma se faz mais presente que a outra, mesmo que você não queira se dar conta disso.

Fomos criados para sermos perfeitos e bonzinhos. Ensinaram-nos que ter raiva não é legal, mas ela existe e fingimos que não ou simplesmente a ignoramos.

Não é preciso colocá-la para fora e agredir a primeira pessoa que encontrar, mas olhe para esta raiva e entenda o que está desencadeando o sentimento. Dar-se conta disso é algo que dói em princípio, mas com a prática de olhar para a dor, esta vai diminuindo até que se cura. Você passa a acolher e perceber tudo que tanto repeliu porque não era legal e transmuta suavemente.

Ainda no mesmo dia, várias lições foram se processando em mim.

O que me realizaria e deixaria plena?

O que escondo de mim?

Dentro de mim, quais sombras o outro me despertava com suas atitudes?

O processo inteiro foi tão intenso e transformador em vários aspectos da vida que precisaria de um livro completo para compartilhar.

De volta ao Brasil, transformando vidas

A volta para o Brasil foi suave. Uma semana depois, já comecei a ser facilitadora em um grupo de meditação como instrutora de práticas, ensinamentos e dinâmicas. Este trabalho com o grupo é muito harmônico. Alguns meses se passaram e o grupo de meditação só crescia. Continuei em busca de mais conhecimentos, cursos e formações.

Tudo o que aprendera na Índia, e em todas as demais formações, fui aplicando no grupo e a mudança nas pessoas era notória. O grupo crescia em consciência, atitudes e isso reverberava de tal maneira que mais e mais pessoas queriam conhecer o trabalho.

Para mim, o dia da semana mais feliz e realizado era aquele em que nosso grupo se encontrava. Eu queria dedicar ainda mais tempo a este trabalho, mas as funções como gerente comercial me tomavam todo o tempo extra.

Eu estava presa à segurança financeira que o trabalho proporcionava, encarcerada pelo medo de não conseguir ganhar o dinheiro necessário para me manter, caso mudasse de profissão. Continuava com o tempo tomado pelas viagens de trabalho e pela rotina quente de uma área comercial. Reservei na agenda uma noite para o encontro com o grupo e uma manhã de sábado para atendimento individual de *coaching*.

O acolhimento das sombras é o combustível da coragem

Dias depois, no encontro semanal com o grupo, fizemos uma prática com respiração holotrópica[2], ótima para expandir a consciência. Quando finalizamos, pude ver todas as questões que estavam ocorrendo dentro de mim. Percebi e constatei as situações que me inquietavam: **eu** estava procrastinando a mudança na carreira.

Naquele momento, declarei para esta ***força maior***:

— *Eu estou pronta para fazer o que mais amo, ser um canal, uma facilitadora e desta maneira ajudar na transformação das pessoas e equipes.*

Era a minha missão e a entregava ao universo. Agora, teria que fazer minha parte.

Comecei meus atendimentos de *coaching* e, com outras duas pessoas, desenvolvi o programa **Recrie sua Vida**, criado para trabalhar em grupo, mas em busca de transformações individuais e, com ele, impactamos de forma profunda e amorosa muitas pessoas. Dois meses depois, dei adeus ao cargo de liderança e fui seguir meu caminho de vida.

Hoje sou como aquele rio que flui, banhado pela luz do sol, consciente e agradecida por estar redirecionada ao meu caminho de vida.

Alguns ensinamentos, transformados em atitudes, me ajudaram a ter uma transformação de alto impacto. Além dos resultados pessoais, também vi esta mesma dinâmica transformacional acontecer na vida das pessoas que passaram pelos meus atendimentos e grupos. Então, vou compartilhar e me sentirei plena se você os colocar em prática e, assim como eu, sentir uma transformação de alto impacto em sua vida.

A vida é relacionamento e o praticamos a todo tempo. Para crescer profissionalmente, precisamos nos relacionar bem. Para ter uma família saudável, o relacionamento harmônico com os filhos, marido ou esposa

---

2 *Respiração holotrópica é uma técnica da psicoterapia criada por Stanislav Grof e o objetivo é gerar alterações de consciência através da respiração.*

é fundamental. Para ter amigos a qualquer hora, precisamos entender as limitações deles e as nossas. A raiz de *todos* os relacionamentos está em nossos pais. Ter gratidão aos nossos pais e curar o relacionamento que tivemos com eles é a forma mais rápida de dar o primeiro e necessário passo ao sucesso em todas as outras relações.

Tudo que você resiste, persiste. Enfrentar suas sombras é a única maneira de transmutá-las. Mas cuidado, sua mente engana e muitas vezes você não percebe o jogo destrutivo que a dinâmica da mente vai fazendo para lhe poupar da dor que o confronto com a verdade interna há de gerar.

Medite. Vá para dentro. Meditação não é sentar-se em silêncio, é estar presente no que está fazendo sem pensar no passado ou futuro. Mesmo quando fizer um planejamento estratégico para a empresa, esteja em presença. Você não pode estar em outro lugar neste exato momento além de onde está agora, lendo estas linhas nas quais divido contigo o coração e a missão.

Mantras representam tudo que repetimos. Mantramos várias vezes em nossas vidas. Quando dizemos "isso é difícil" e repetimos dois dias depois, por exemplo, sua mente registra. Crie pensamentos e frases positivas.

Tenho tempo para fazer!
Sou capaz!

Preste atenção àquilo que tem *mantrado* em sua vida. Livre-se das mágoas. Mágoa é má-água, é água parada. Água parada cria lodo e fica densa. A água boa flui. Enquanto você carrega mágoa por alguém ou alguma situação, a vida não flui. Por mais que pareça difícil no começo, mesmo que não goste de alguém, faça Ho'oponopono[3] para ela ou a situação durante 21 dias seguidos. Você sentirá a mudança dentro de si depois de praticar por estes dias e esta prática consiste em pensar na pessoa ou situação, repetir em voz alta ou internamente:

Eu te amo, eu me amo. Eu te perdoo, eu me perdoo. Eu aceito e agradeço!

Por mais que não sinta o que diz, continue reafirmando e este mantra vai curar a mágoa. Lembre-se que ninguém consegue fazer ou dar algo que não há dentro de si, então perdoar é perceber que não há nada a ser perdoado.

Declare ao universo o que quer. E se pode fazer a sua parte agora, ***faça***. A procrastinação desanima o projeto que poderia ser um sucesso, faz-nos

---

3 Ho'oponopono - eu limpo para estar na presença de Deus. Uma vez lá, a Divindade me dará tudo que é perfeito e correto para mim. Eu só sei isso. Esta é a meta da minha vida.

crer que não somos capazes e isso é uma grande mentira, pois **todos** os seres do mundo nasceram para serem prósperos e felizes, mas a grande maioria não sabe disso. Se você não fizer por você, essa força **maior** entenderá que realmente não quer receber a graça de ser realizado(a). Deixe a insegurança para trás ou qualquer sentimento limitante e *faça!*

Gratidão é mais do que agradecer. É sentir a graça descer. É sentir a beleza de estar vivo(a), a graça pelas pequenas coisas que acontecem em sua vida. Quanto mais gratidão existir em seu coração, mais espaço para que graças maiores aconteçam.

Então agora que vamos nos despedir, peço que, depois de ler o artigo, feche os olhos por um breve instante e pense em sua vida como um todo: família, trabalho, amigos.

Veja se ela é como um rio que flui. O rio passa por vários obstáculos, mas não se prende a nenhum. Vai arrumando novos caminhos, se supera e segue firme para encontrar o mar. Então perceba se sua vida está fluindo ou se você se apega a situações e coisas que não deixam seguir em direção ao seu mar e ao seu destino de vida.

Escute o coração e permita-se fluir em sua jornada.

Desejo-te uma vida feliz e realizada, com toda a transformação de alto impacto que realmente desejas. Lembre-se: o caminho do sucesso e realização, obrigatoriamente, precisa passar antes por dentro de teu coração!

Quanto mais pessoas felizes e realizadas neste mundo, melhor se tornará o mundo criado à nossa volta. Espero que você também contribua para esta realidade feliz.

Aquilo que aprendi e continuo aprendendo seguirei compartilhando com as pessoas e equipes que passarem por mim, porque, se eu encontrei a eficiência nas minhas atitudes e a plenitude, todos podem!
Ho'oponopono

29

De desempregada a empresária internacional em 7 meses

Vou te contar como deixei o *ponto A* – representado por uma situação de desemprego – e parti para o *ponto B*, como empresária internacional, em um período de 7 meses. Sempre que narro trechos da minha história, vejo lágrimas e sorrisos no rosto das pessoas. Você vai descobrir, neste texto, o motivo que as deixa tão emocionadas e vai sentir que inspirar pessoas, para mim, é uma missão de vida

Simone Carvalho

Simone Carvalho

Diretora e Cofundadora da Sociedade Internacional de Liderança e *Coaching*. *Master Coach* e *Trainer* responsável por turmas de *Coaching* em RJ e SP. *Executive Coach* formada pela metodologia do *Behavorial Coaching Institute*. Parceira da *Coach Source*, empresa mais conceituada em *coaching* de liderança do mundo. Treinadora comportamental formada por um dos precursores na área de Treinamento – Prof. Massaru Ogata. Graduada em Serviço Social pela UFRJ com especialização em Gestão de RH pelo IDCE – Instituto de Desenvolvimento de Conteúdo para Executivos. Formação em liderança empreendedora, gestão estratégica de negócios, *assessment* e PNL. Ocupou cargos de liderança e gestão na Contax, Varig e Furnas. Consultora responsável pela implantação de programas e treinamentos na Petrobrás, Embrapa, Sampling, Ministério da Fazenda do RJ, Ministério Público, Lubrizol, MBS Seguros, Mary Kay, AngolaPrev.

Contatos
simone.carvalho@lideresdadiferenca.com.br
www.silcoaching.com.br
(21) 3177-1323

*A dor que já experimentei só terá sido válida se puder iluminar
o rumo escuro dos meus ou dos seus caminhos.*

Um dia, a maior *coach* do mundo, minha mãe, abriu os meus olhos. Deixei para trás a depressão, o insucesso e as frustrações que colhi pelo caminho. Cada evento teve seu papel para me fortalecer, assim como espero que você consiga tirar de suas frustrações este fortalecimento.

Eu conquistei resultados extraordinários como *coach*. Mas não foi fácil. Vou abrir o livro de minha vida e dividir tudo com você.

Falar de minha história é sempre prazeroso, afinal tenho o firme propósito de inspirar pessoas. Sempre que conto detalhes das vivências, vejo lágrimas e sorrisos no rosto das pessoas, que dizem algo mais ou menos assim:

— *Você não sabe quanto me ajudou com sua história!*

É com este objetivo que escrevo a minha colaboração para esta obra e para o futuro dos leitores. Foi e tem sido uma história marcada por muitas vitórias, incontáveis desafios e pelo diário desejo de vencer.

Super-Ação é uma palavra de ordem em minha vida. Foram inúmeras as ocasiões que me desafiaram a ser maior. Não em altura, só tenho 1,57M. Refiro-me ao crescimento de atitudes e experiências, à grandeza de ser. De ser forte, determinada e convicta de que "nasci com a permissão de Deus para vencer", como dizia o campeão Ayrton Senna.

Que tipo de *super-ações* eu precisei encarar?

Que tipo de *super-escolhas* eu precisei adotar?

*Minha escolha mais importante foi assumir a certeza de que tenho
uma missão neste mundo e nada me faria abrir mão dela.*

O primeiro episódio de superação começou cedo, aos 7 anos de idade. Filha mais velha de uma família de classe média, vivi a falência de meu pai, empresário na área comercial. Foi traído por supostos amigos. Perdemos tudo. Casa, carro, dinheiro, conforto. Mesmo muito pequena, por intuição senti que meu pai perdera algo maior que tudo isso: sua sensação de dignidade como provedor da família.

Fomos obrigados a nos mudar para uma casa menor. Troquei bonecas caras por um boneco de verdade. Estava incumbida de cuidar da outra criança, meu irmão caçula, na época com 2 anos de idade, pois nossa mãe precisava trabalhar. Nosso pai, abalado com tudo, em alguns momentos sentiu as forças minguarem. Convenhamos, algo compreensível mediante tais circunstâncias. Continuar, para ele, só foi possível pelo *amor incondicional que sempre teve por nós.*

Matriculada em um colégio de elite, sofri muito preconceito. Minha mãe deixou de chegar ao colégio com motorista particular e assumiu a função de servente na mesma escola.

Meu pai tornou-se despachante dos ônibus de viagem, assumindo horários sempre insalubres. Privou-se de aniversário, natal e dia dos pais. Precisava ganhar dinheiro e nunca deixou de fazer o que fosse necessário. Este foi um valor que ficou muito ancorado em mim, por seu exemplo de **ser** e funcionar na vida.

Cresci dando valor ao trabalho, fosse qual fosse. Valorizei honestidade, família e principalmente amor. Adiante, minha mãe foi trabalhar em uma escola para crianças especiais, onde acompanhei o trabalho de psicólogas, professoras e assistentes sociais. Lembro-me de um projeto coordenado pelas assistentes sociais preocupadas em garantir o acesso das crianças ao tratamento, que muitas vezes faltavam por não terem dinheiro para o ônibus. Não, você não entendeu errado. As mães precisavam fazer escolhas difíceis: comprar o pão pela manhã ou levar os filhos para tratamento. Nem sempre tinham dinheiro para ambos.

O projeto inseria os alunos no mercado de trabalho e respeitava suas necessidades. Recebiam uma bolsa e assim garantiam o translado, o que já era muito. Ao me deparar com esta realidade, ali ancorava em mim o início de um sonho: ajudar pessoas.

Decidi pela carreira de assistente social, que aconteceu ao ingressar na UFRJ. Logo no segundo ano de faculdade, ingressei como estagiária em Furnas. Trabalhei com aposentados, pessoas maravilhosas. Aprendi o sentido da representatividade social e quanto pode ser emblemática a luta por direitos iguais.

Dois anos depois, o governo ameaçava não renovar contrato com as empresas terceirizadas. Era hora de alçar novos voos (literalmente). Ao aterrissar, fui a última candidata entrevistada, mas a primeira colocada a ingressar numa grande companhia de aviação.

Foram oito anos de muito trabalho e uma bagagem enorme de experiências. Mais uma vez era hora de ir embora. A empresa não sobreviveria muito tempo e meu coração estava ali. Não suportaria vê-la suspender seus voos. Antes que finalizasse as atividades, a empresa que eu tanto aprendi a amar ainda testemunhou outra etapa importantíssima de minha vida, o casamento. Em seguida, recebi o primeiro milagre, minha filha mais velha. Vivenciando o novo projeto e convicta da carreira como consultora, com vários projetos em andamento, aconteceu o segundo milagre, meu filho caçula, que nasceu com sérios problemas de saúde. As escolhas de ordem pessoal mereceram atenção integral e fiquei afastada do mercado por dois anos.

Você acha que este cenário é uma exceção?

Você faz ideia de quantas mulheres optam pelo amor e deixam o labor?

Quando retornei, não dava mais para resgatar o projeto de carreira solo. Fui para uma empresa de consultoria que prestava serviços para muitas empresas públicas. Mais aprendizados, mais desafios e, desta vez, com sabor especial de recomeço e superação.

O desejo por realizar algo pode ser classificado como desejo ardente, desejo médio e desejo morno. Eu estava de volta ao mercado, não tinha tempo a perder e dei tudo de mim para que não tardasse o reencontro com a prosperidade profissional. Com o desejo ardente de vencer, estava feliz e com a visão positiva. Os resultados chegaram em tempo recorde.

O sucesso nos coloca em evidência, como se a sinergia rompesse fronteiras e nos tornasse mais visível às possibilidades. Assim, recebi a proposta de uma empresa para aquele que seria um dos maiores desafios de minha carreira, dado o momento de transição.

O conglomerado tinha 52 mil funcionários. Sua diretora de RH era uma assistente social forte, visionária e dotada de um valor principal – foco nas pessoas. Fui contratada como responsável pela elaboração e implantação dos *programas de qualidade de vida e bem-estar*. Com dois meses de empresa, pediram que eu assumisse a área de benefícios e, como assistente social, tive que gostar de números e planilhas de *excel*.

Vieram lágrimas, mas muito crescimento. A estratégia da empresa mudou. A diretora a quem eu admirava saiu, o presidente saiu e eu não combinava mais com a estrutura. Pela primeira vez em 38 anos, fui demitida. Ainda confusa e abalada, havia uma certeza:

Nunca trabalharei no lugar onde meus valores seriam feridos.

Não havia tempo e nem dinheiro para viajar ou curtir a bolada rescisória, como muitos fazem. Tinha dois filhos para sustentar. Comecei minha peregrinação e, desta vez, não estava sozinha. Um processo de depressão se deflagrara e por intuição sentia que precisava me reinventar para dispensar tão desagradável companhia. A certeza de que conseguiria superar a fase me ajudou a suportar muitas dificuldades:

- *Reprovação em várias entrevistas;*
- *Argumento recorrente de que "era senior demais para vaga";*
- *Pretextos bem embalados que no fundo refletiam a opinião do contratante: "aos 38 anos, estava velha demais para o mercado".*

Tenho certeza que isso já aconteceu com você ou no mínimo conhece alguém que passou por semelhante adversidade.

Estava claro o que eu não queria mais: trabalhar na área de benefícios, função técnica demais para minha formação como assistente social. A partir daqui começou a luta que transformou minha vida e, como prometi, espero que as dores por mim vivenciadas possam iluminar suas escolhas.

Reconectei-me com a grande vocação que sempre sustentei – trabalhar com treinamento. Durante a vida inteira escutei amigos, parentes ou chefes elogiarem minha fluência verbal ou comentarem como era gostoso me ouvir falar.

Agarrei o meu melhor talento. Precisava de algo novo, diferente, que causasse impacto. Encontrei o *coaching* e, com ele, tudo que a vida pode se transformar quando acreditamos e lutamos. Descobri o que faltava para o sucesso e vou compartilhar, para que você também descubra o seu.

Oito meses depois da demissão, ainda vivia das verbas rescisórias. Só tinha mais 3 meses de *sobrevida financeira*. O valor da formação em *coaching* era exatamente o dinheiro que tinha na época. O que fazer? Procurar emprego ou arriscar nesta carreira? Lembrei da frase de Einstein: "A verdadeira insanidade consiste em querer resultados diferentes fazendo a mesma coisa".

Um amigo me deu o seguinte *feedback*:

— Você é extremamente competente e precisa arriscar mais. Você não é ousada!

Doeu ouvir. A dor se transformou em força e apostei minhas fichas. A ideia era voltar para o mercado com diferencial competitivo, pois ainda amava ter crachá e carteira assinada. Mais tarde, com o próprio processo de *coaching*, eu descobriria que este amor nada era senão a zona de conforto por conta de uma enorme crença limitante que tinha e desconhecia.

Formada, já não cabia mais nada de desconforto e infelicidade. Optei pela separação. Sem casa, sem dinheiro, sem emprego, voltei para a casa dos meus pais.

Decidi que voltaria a ser professora. Este emprego garantiria a permanência dos meus filhos no colégio e pagaria as contas. Foi nesta ocasião que ouvi da melhor *coach* do mundo, minha mãe:

— Não, você não vai fazer isso porque acredito em você e acredito em seu projeto. Não sei quando vai acontecer, mas vai acontecer!

Coach é aquele que confia mais em você do que você mesmo. Ela estava certa. Eu tinha as ferramentas, acreditava demais na metodologia, mas não sabia transformar aquilo em resultados.

Conheci um amigo e parceiro que se tornou meu *coach*. Este amigo lançou um projeto *online* para ajudar *coaches* a aumentarem sua *performance*.

Meu dinheiro havia acabado. Restavam apenas R$ 20,00. Liguei para o *Coach*, expliquei a situação e pedi uma oportunidade. Ele me deu e permitiu a condição de 60 dias para pagar o primeiro boleto. Mergulhei de cabeça.

Demos início ao processo. Ele, meu *coach* e eu, sua *coachee*. Até que, em uma sessão, a maior sinapse aconteceu. Descobri a enorme crença limitante que tinha e carregava:

Quem trabalha por conta própria "quebra"!

A história de meu pai e tudo que tinha acontecido em nossas vidas formaram esta crença e, embasada nela, eu vivia a procurar trabalhos com carteira assinada, distanciando-me do meu sonho de formar, treinar e inspirar pessoas.

Em 7 meses saí do status de 2 clientes individuais para 10. Assinei contrato com 2 empresas, uma delas multinacional. Fiz várias turmas livres de *coaching* em grupo e realizei meu primeiro trabalho internacional: treinei 62 líderes em Angola.

Atualmente não apenas trabalho com *desenvolvimento de liderança* como formo novos *Coaches*. Ensino às pessoas e empresas como é possível vencer limitações, superar os dias turbulentos e atingir grandes resultados. Como você já deve ter percebido em minha história, tenho experiência de sobra para esta empreitada.

Eu não vendo treinamentos, nem cursos de formação. Eu **garanto resultado**. Sou fruto do *coaching*, aquele genuíno, na sua melhor essência, cujo foco é desenvolver pessoas.

Deixo minha contribuição para você, pessoa física:

1) Tenha um sonho grande. Sonhos grandes, resultados grandes;
2) Tenha a importância desse sonho para você;
3) Tenha um propósito definido;
4) Empenhe-se ao máximo;
5) Defina suas melhores estratégias;
6) Organize seu esforço. Estabeleça um plano de ação, entre em movimento.

Estes passos trazem um poder pessoal de significado único para cada ser humano e, se quiser êxito, realize-os em três posições: felicidade como resultado emocional, posição como identidade e dinheiro como meio.

Simone Carvalho | 239

Para você, empresário, líder que busca por resultados extraordinários, aí estão as dicas:

1) As pessoas são as peças mais importantes de sua engrenagem. Os resultados só virão através delas;
2) Liderar é muito mais que conhecimento técnico. É desenvolver competências comportamentais inerentes ao alcance e sustentabilidade de resultados;
3) Ser líder servidor não é ser bonzinho. É ser bom, com assertividade e justiça, colocando as pessoas em primeiro lugar;
4) Resultados são consequências de uma liderança que inspira pelo exemplo, que apresenta congruência, que desenvolve as pessoas como princípio e que serve por amor;
5) Quem lidera não carrega um fardo, embora muitos afirmem assim. Carrega a honra de estar à frente de um projeto;
6) Liderança é muito mais que cargo, é mais que poder, é uma missão de vida.

Finalmente, convido-te a conhecer mais sobre as minhas orientações e conceitos. Em breve, será lançado o livro: ***Mudei de carreira aos 40 e agora?***

Vou ficar imensamente feliz pela oportunidade de dedicar um exemplar para você.

Um brinde à felicidade.

Nós merecemos!

30

Acessando o intenso conteúdo inconsciente para obter resultados extraordinários

As memórias são como uma ponte que dá acesso ao passado, solidifica o presente e ajuda a estruturar o futuro

Tadeu Belfort

Tadeu Belfort

Executivo Sênior com mais de 20 anos de experiência em vendas e marketing. É Treinador Comportamental, Palestrante, *Mastercoach* e Terapeuta Generativo. Realiza treinamentos de alto impacto para transformação pessoal e profissional e palestras motivacionais. Formado pelo Instituto de Formação de Treinadores-IFT. É *Master Coach* pelo Instituto Brasileiro de *Coaching* - IBC com especialização em *Business and Executive Coaching*, *Coaching* Ericksoniano e *Presence Coaching*. Membro fundador dos Master Coaches Brasil. É Master Trainer do Instituto da Transformação, Evolução e Humanidade - INTEH. Possui formação em Análise comportamental, Dinâmica de Grupo, Hipnose Clínica, Hipnose Ericksoniana, Constelação Sistêmica Familiar, *Practitioner* em PNL e Generative Coaching pela *International Association for Generative Chance* - IAGC. Administrador, Teólogo e Psicanalista. Com pós-graduação em *Marketing*, Gestão de Pessoas e Psicologia da Religião. É Coautor do Livro "Por que sou Coach?" Editora IBC.

Contato
(85) 99745-0430

Há mais de 20 anos, trabalho na área comercial, circulando entre as áreas de *marketing* e vendas. Ao longo desta trajetória em grandes empresas nacionais e multinacionais, sempre busquei construir carreira sólida, pautada na ética e compromisso com as funções que exerci.

Como líder, entendi logo cedo que, se quisesse uma equipe de alta *performance*, precisaria treiná-la, motivá-la, para que cada componente do time fizesse toda a diferença no resultado do jogo pela disputa de mercado e conquista constante dos clientes.

Sempre foi muito clara para mim a importância de uma equipe motivada e focada, com metas e objetivos desafiantes para atingir excelentes resultados. Desenvolver e formar novos líderes que conduzirão suas equipes de trabalho é extremamente desafiante e, ao mesmo tempo, prazeroso, já que essa foi a missão que abracei como profissional.

Na eterna busca pelo conhecimento, procurei beber de várias fontes e ter uma formação eclética, entre área técnica e humana: química, administração, teologia, psicanálise, *coaching* e PNL. Tudo isso me permitiu perceber o ser humano por vários ângulos e entender que existem vários caminhos para o autodesenvolvimento. Nesta jornada, já se passaram duas décadas treinando pessoas e aprendendo com cada uma delas.

As expectativas iniciais de um treinamento comportamental

Na prática, tenho observado como treinador que, ao iniciar as atividades, já existem expectativas, tanto do treinador quanto dos *treinandos*, por *insights* e mudanças que aconteçam após a conclusão. E sim, acredito verdadeiramente que podem acontecer, mas há um segredo:

> *Em treinamentos comportamentais, somente os participantes*
> *que se permitem acessar os conteúdos mais preciosos e secretos*
> *de sua mente encontram as grandes transformações.*

Durante os eventos, utilizamos diversas técnicas que permitem sensibilizar os participantes tanto no aspecto cognitivo quanto emocional. E assim gerar um movimento interno que poderá trazer para o consciente conteúdos importantes que estavam esquecidos no inconsciente.

Esse movimento de informações do nível inconsciente para consciente abre espaço para poderosos *insights*, mas somente naqueles que se permitem mergulhar por inteiro nas técnicas vivenciais.

Carl Gustav Jung, pai da psicologia analítica, disse:

Até você se tornar consciente, o inconsciente vai dirigir sua vida e você vai chamá-lo de destino.

Muitas pessoas, ainda, não se conscientizaram de que a vida não tem um controle remoto que lhes permita, da cadeira ou do sofá, simplesmente escolher o canal preferido e definir aquilo que acontecerá em sua vida. Precisamos nos levantar e mudar o canal e, para mudar isso, acima de tudo, ATITUDE é imprescindível.

Mas por que não temos atitude?

Por que não temos a coragem de segurar o destino da nossa vida nas mãos, criando assim o próprio destino?

Por que nos entregamos à mecanicidade que a rotina diária impõe?

Por que não protestamos como fez o cantor e compositor Raul Seixas?

Confira o que ele disse neste trecho da composição Ouro de Tolo:

... eu que não me sento no trono de um apartamento com a boca escancarada, cheia de dentes, esperando a morte chegar...

Quando estudamos as regiões mais profundas da mente humana, começamos a encontrar respostas para estes porquês e descobrimos caminhos possíveis para sair do ciclo que nos faz viver de forma tão mediana.

O inconsciente

Numa visão psicanalítica, a psique humana pode ser comparada a um grande *iceberg* imerso, com apenas a ponta evidenciada ao mar. Podemos dizer que a parte consciente está acima da superfície da água e representa cerca de 10% da psique. O pré-consciente é a parte do *iceberg* que fica na linha d'água, cerca de mais 10% e o inconsciente, a parte submersa, aproximadamente 80% de nossa psique.

Freud, pai da psicanálise, elucidou dois conceitos fundamentais da teoria psicanalítica – a existência de uma mente inconsciente e o conceito de determinismo psíquico, ou causalidade, onde nada ocorre por acaso. Todos os eventos psíquicos são determinados por eventos anteriores. Não existe descontinuidade na vida mental. Estes dois conceitos estão intimamente relacionados e é impossível considerar um sem o outro. Em seguida, Freud desenvolveu um terceiro conceito central à teoria psicanalítica: o mecanismo da repressão ou o esquecimento seletivo inconsciente de eventos ou coisas demasiadamente dolorosas para o reconhecimento da mente consciente.

Em outras palavras, a realidade do inconsciente diverge da realidade consciente. No entanto, vale lembrar que muitas forças presentes no interior do psiquismo escapam ao controle da pessoa. Este material, quando acessado e trabalhado de forma consciente, exerce riquíssimo papel no processo de crescimento e transformação.

Mas o que é o inconsciente?

O inconsciente é o fio condutor que alicerça a obra freudiana desde o seu início até os últimos trabalhos, na década de 30.

Em sua primeira tópica, Freud postula o aparelho psíquico sob o ponto de vista topográfico, ou seja, o psiquismo dividido em três lugares psíquicos: o inconsciente, o pré-consciente e o consciente. Sob o ponto de vista dinâmico, este trio está em constante conflito de forças.

Desejos inconscientes querem ser manifestados e emergidos no campo consciente e, contra esses desejos, existem as forças que operam para a sua não satisfação, impedindo sua manifestação.

O ser humano vive num eterno conflito interno.

A insatisfação dos desejos gera repressão, que é o processo psíquico através do qual a pessoa rejeita determinadas representações, ideias, pensamentos, lembranças ou desejos, submergindo-os na negação inconsciente, no esquecimento, bloqueando, assim, os conflitos geradores de angústia.

Não vemos o inconsciente, nós o sentimos e sua manifestação pode ser percebida através de atos falhos, sonhos, chistes, mecanismos de defesa e resistência. Quanto mais você entender como funciona o *iceberg*, melhor será o seu resultado em todas as áreas.

Sistema pré-consciente

Compreende os elementos acessíveis à consciência. Refere-se a conteúdos que não se encontram presentes no campo atual da consciência, funcionando como uma espécie de peneira que seleciona aquilo que pode, ou não, passar para o consciente.

Podemos dizer, por isso, que a mente conta com dois inconscientes: um apenas descrito como tal e outro que contém material totalmente desconhecido.

Tadeu Belfort | 245

Sistema Consciente

Na periferia do aparelho psíquico, entre o mundo exterior e os sistemas de memória, está situado este funcionário do cérebro, encarregado de registrar as informações do exterior e perceber as sensações interiores da série prazer-desprazer.

Além da percepção de informações sensoriais exteriores e a das sensações endógenas[1], o sistema consciente é também a sede dos processos de pensamento, tanto dos raciocínios como das recordações. Ele acumula ainda a função de controlar a motilidade[2]. Nossa percepção consciente se limita a:

> ➤ Sensações vindas do mundo exterior;
> ➤ Sentimentos contidos no sistema pré-consciente, como afeto, emoções, repressões, pensamentos, lembranças, angústias e outros.

Id, Ego e Superego

Anos mais tarde, Freud reformula a teoria do aparelho psíquico e postula a segunda tópica, nomeando as instâncias em Id, Ego e Superego. Embora não anule a primeira, integra as instâncias consciente, pré-consciente e inconsciente a atributos e qualidades.

O ego, núcleo da personalidade, é consciente, pré-consciente e inconsciente;

O superego, que reúne as forças morais inibidoras sob influência da educação, é uma pequena parte pré-consciente e o resto se enraíza no Inconsciente;

O id, identidade da personalidade, é todo inconsciente.

Em cada pessoa existe uma organização coerente de processos mentais, denominada ego, ao qual a consciência se acha ligada: o ego controla as abordagens à motilidade, isto é, à descarga de excitações para o mundo externo. É a instância mental que supervisiona todos os próprios processos constituintes e que vai dormir à noite, embora ainda exerça censura sobre os sonhos.

O despertar

Durante o trabalho vivencial, buscamos o acesso a este material reprimido que está impedindo o crescimento e desenvolvimento da pessoa. Em geral, o aluno se opõe, apresenta certa resistência a se lembrar, a

---

1 *Endógenas - que se origina no interior do organismo, do sistema, ou por fatores internos.*
2 *Motilidade - capacidade biológica dos seres vivos se moverem com espontaneidade.*

246 | Estratégias de Alto Impacto

associar e permitir ao que estava oculto emergir. E não se dá conta disso. Da mesma maneira que desconhece o que está reprimido, também ignora a força que o mantém desta maneira e não sabe sobre a própria resistência exercida pelo ego.

Há algo no ego, a resistência, que também é inconsciente, o que torna esta denominação impossível de ser atribuída apenas ao que é mais reprimido e desejável.

A consciência é a superfície do aparelho mental, o sistema que primeiramente é atingido pelo mundo externo.

O ego tem origem no sistema perceptivo e começa no pré-consciente. O id é a entidade que se comporta como se fosse inconsciente. O indivíduo é como um id psíquico, desconhecido e, sobre sua superfície, repousa o ego, desenvolvido a partir do seu núcleo.

O ego não se acha separado do id, funde-se a ele. O material reprimido também se funde ao id como parte dele e guarda em si as moções pulsionais.

O ego é aquela parte do id modificada pela influência do mundo externo, por intermédio da percepção-consciência, e procura aplicar influência do mundo externo ao id, esforçando-se para substituir o princípio de prazer pelo princípio da realidade.

Mesmo as operações intelectuais sutis e difíceis podem ser executadas de forma pré-consciente. A autocrítica e a consciência moral são inconscientes.

O superego é uma gradação do ego, uma diferenciação, assim como o próprio ego constitui-se como diferenciação do id. Relaciona-se com a consciência moral, autocrítica e ideais almejados.

Em outras palavras:

ID: regido pelo princípio do prazer, parte da psique que visa apenas o prazer do indivíduo.
EGO: a verdadeira personalidade que decide se acata as decisões do id ou do superego.
SUPEREGO: algo além do ego que fica sempre te censurando e dizendo isso não está certo, não faça aquilo, não faça isso - ou seja, aquilo que dói quando prejudicamos alguém é o nosso grande "freio".

O treinamento e o inconsciente

Quando aceitamos as fraquezas e fracassos como partes naturais da nossa humanidade e concluímos que ser humano é acertar e errar, rir e chorar, viver momentos felizes e tristes, acelerar e desacelerar, passamos a ter uma vida bem mais leve e integrada.

Todos os nossos aspectos que são negados, todo pensamento ou sentimento antes condenados como inaceitáveis e errados, acabam vindo à tona.

Quando reconhecemos que há o potencial perigo da dor não processada e que precisamos ficar em paz com o passado, integrar os conflitos não resolvidos das nossas mentes consciente e inconsciente, as transformações poderosas acontecem.

Negar a condição humana em sua totalidade limita o que conseguimos ver em nós e nos outros, corta a ligação com o próprio recurso que precisamos para viver uma vida plena, feliz e bem-sucedida. E o que estamos fazendo para que toda esta programação possa ser alterada dentro de nós?

Só quando nos conhecemos de verdade, quando mergulhamos dentro de nós, sem julgamento ou crítica, podemos encontrar os tesouros mais preciosos do nosso ser e reprogramar a própria vida.

Precisamos olhar para o espelho e ver quem somos de verdade!

Treinamento comportamental, a missão de vida

Ao longo desta caminhada treinando pessoas, tenho ouvido diversos depoimentos dos participantes sobre resultados extraordinários que alcançaram. E o mais interessante é que estas mudanças surgiram, na maioria das vezes, a partir da percepção e reflexão sobre pequenos detalhes do comportamento, antes ignorados, e da disposição interna que cada um gera para as pequenas mudanças transformacionais acontecerem nas pessoas e equipes.

Como treinador comportamental, minha missão na Terra se divide em dois grandes propósitos:

1) Ajudar o ser humano a pensar de forma sistêmica, alinhar suas metas e objetivos aos valores e à missão de vida;
2) Ajudá-lo a viver com muito mais intensidade, para que se torne, de forma plena e verdadeira, a melhor versão que pode ser.

O meu prazer maior é contribuir para o processo evolutivo de quem passa pelos treinamentos e saber que, de alguma forma, plantei em cada aluno(a) uma boa semente no processo de autoconhecimento.

Quando as pessoas migram o poder das respostas inconscientes para suas ações conscientes, prosperidade é o caminho.

Quando as empresas contratam um profissional para trazer esta consciência aos funcionários, crescimento e solidez são os resultados alcançados.

É isso!